# 托尔斯泰的智慧箴言

## 春之卷

[俄] 列夫·托尔斯泰 著
梁祥美 译

新世界出版社
NEW WORLD PRESS

**图书在版编目（CIP）数据**

托尔斯泰的智慧箴言. 春之卷 / (俄罗斯) 列夫·托尔斯泰著 ; 梁祥美译. -- 北京 : 新世界出版社, 2017.3

ISBN 978-7-5104-6138-5

Ⅰ.①托… Ⅱ.①列… ②梁… Ⅲ.①托尔斯泰( Tolstoy, Leo Nikolayevich 1828-1910) -箴言 Ⅳ. ①K835.125.6

中国版本图书馆CIP数据核字（2017）第012979号

**托尔斯泰的智慧箴言. 春之卷**

**作　　者：**[俄] 列夫·托尔斯泰
**译　　者：**梁祥美
**责任编辑：**丁　鼎
**责任印制：**李一鸣　高　金
**出版发行：**新世界出版社
**社　　址：**北京西城区百万庄大街24号（100037）
**发 行 部：**（010）6899 5968　（010）6899 8705（传真）
**总 编 室：**（010）6899 5424　（010）6832 6679（传真）
http://www.nwp.cn
http://www.nwp.com.cn
**版 权 部：**+8610 6899 6306
**版权部电子信箱：**nwpcd@sina.com
**印　　刷：**北京旭丰源印刷技术有限公司
**经　　销：**新华书店
**开　　本：**880mm×1230mm　1/32
**字　　数：**160千字　　印 张：8
**版　　次：**2017 年 3 月第 1 版　2017 年 3 月第 1 次印刷
**书　　号：**ISBN 978-7-5104-6138-5
**定　　价：**30.00元

# 目　录

## 1月

# 2月

## 3月

# 1
# 月

January

# 1月 1日

## 读书观

知识贵在质不在量，我们宁可知道少量精选过的好东西，也不要知道一大堆半吊子的东西。

经过选择编辑而成的小小文库，其实是一个多么丰富的宝库，借此我们可以跟数千年间所有文明国家中最贤明、最高贵的人交往，文库提供了那些人的研究成果与智慧结晶！那些人本身也许是从不露面，难以接近的；也许是独来独往，不愿受干扰的；也许在社会条件与生活习惯上跟我们相去甚远。甚至可能对最要好的亲友他们都未曾表白过的思想，却在此为不同世纪的、不相识的我们明明白白写出来。书籍让我们此生在心灵方面蒙受重重恩典。

——爱默生

我们非得当反刍动物不可，并不是把种种读物中的知识装到脑子里就好；假如我们不反刍所有的好东西，读物中的知识就不可能给我们力量和养分。

——洛克

切忌因大量阅读许多不同作者写的各种各样的书籍而让头脑混乱到不可收拾的地步。假如想获得某种有助于自己的东西，那就只有靠真正有才华、有内涵的人所写的书来滋养头脑了。徒然过量或杂乱阅读是有损头脑的。所以最好只看大家公认的好书。如果有时起了念头，想暂时读读其他种类的书，也总得再回到原来的阅读天地，绝不可流连忘返。

——塞内加

勿错失阅读好书的机会！

——梭罗

只有当自己思想的泉源干涸的时候，读书才是必要的，而这种思想干涸的现象，即使绝顶聪明的人亦屡屡发生。但也有因为读书而使自己尚未成形的思想瓦解的，这是对精神的一项罪过。

——叔本华

文学上反复出现与实际人生同样的事。

在实际人生方面，无论你走向何处，都会碰到无可救药的庸俗大众。他们像夏天的苍蝇，遍布各处，污染所有的东西。同样，世界上也有很多劣书，有很多文学上的莠草占尽地盘妨碍好种子的生长。这些书从大众那儿盗取了他们本该用在重要事情和神圣问题上面的时间、金钱和注意力。

劣书不仅无益，而且是绝对有害的。如洪水般泛滥的文学作品大部分不都是只为了从无知的大众口袋榨取剩余的金钱而发行的吗？因此，作者、出版家、印刷厂便合力绞尽脑汁来增加书的销售量。

还有一批卑鄙无耻的文人表现的是更有毒害的、更不逊的、更昧着良心的欺诈行为；他们的文章是东抄西抄凑成的。这些骗子简直在玩弄读者，他们利用的是读书者的低级趣味，把读者的兴趣都搞邪了，要产生真正的教化作用，更是完全谈不上。

对抗这种灾害的办法是改正滥读的恶习。换言之，过于大众化的轰动一时的书，不读也罢。以更浅显的话来说，凡是发行第一年就是其存在的最后一年之出版物，都应该受到唾弃。

当然，我们不得不承认，为一群傻瓜而写作的作者通常是拥有许多读者的。但无疑的，人应该要求自己在短暂的生涯里只与历代各国的一流人才，或出类拔萃的天才艺术家，或生命发出光芒的圣人成为知己。只有这些人的作品才具有教化的力量。

一般说来，劣书容易叫人一口气读完，但劣书是使头脑迟钝的毒素。

庸俗大众却冥顽不灵，不知阅读历代流传下来的好书，而只看现代文学的最新东西。今日的无聊文人其实只是在反复的狭隘观念中绕圈子，他们全部都不过是在重复一件事，因此我们的时代便难以爬出自己制造的泥淖。

——叔本华

※

肉体上的毒物与精神上的毒物是不同的；肉体上的毒物大部分有令人不快的味道，但是报章杂志或劣书中所含的毒素却往往是迷人的。愈是迷人的，愈是邪恶。

# 1月2日

## 人不能无信仰

最愚蠢的迷信之一是科学家认为人生可以没有信仰。

无论任何时代的人，总希望知道有关自己在世界上生存的由来与最后目的，或至少希望获得某种说明。而宗教就是在满足人的这种要求，是在将引导众人的共同大法则教给他们，也在将根源相同、人生问题相同、终极目的相同的人类，如兄弟般密切结合在一起。

——马志尼

真正的宗教指的是我们的内在与环绕着我们的无限境遇所形成的一种关系，也就是让我们的生活与无限境遇相结合，并因而引导人类行为的一种关系。

——佚名

一切宗教的本质都在于回答这样的问题："为什么我活着"，"包围着我的无穷世界与我之间关系如何"。无论任何宗教，从最崇高的到最愚蠢的，在其底层无一不是在为人与世界或"人存在的第一原因"间建立关系。

——佚名

虽然信仰的外层常常包含有政治上的利己行动，严重妨碍人类的进步。但真正的宗教对人类却具有最崇高的教育作用，形成文化的最伟大力量。宗教的本质是一种带有"永恒性"与"神性"的、随时随地充实人心的东西——只要人心有所感动。从我们的逻辑推论上也显示：所有伟大宗教的基础都是一样的，人类的生活从创始时代到现在的根本教义是一样的。

一切信仰的深处涌现的都是同一种永恒的启示；是同样的源泉贯穿所有的宗教以传达神的讯息。

无论是古代波斯袄教徒、犹太人、基督教徒或是穆斯林，都可以有他们自己的神，但那只不过是一种形式、一种象征。我们必须了解的是，所有宗教的本质乃是对邻人的爱，这个本质是基督、保罗、琐罗亚斯德（Zoroaster）、佛陀、佛兰西斯、苏格拉底、穆罕默德等人所共同要求的。

——海弗格尔

※

没有信仰的人的生活与兽类生活无异。

# 1月3日

## 人生的目的

践行神的意志，完成神的事业，我们的生命才能获得滋润。我们各自都带有一份神要我们去完成的事业。虽然我们无法知道神的整个大事业之奥秘，但我们不能不知道自己该参与的那份工作。

并非所有喊着“神啊，神啊”的人都能进入天国。完成天父的意志才能得以进天国。

——《圣经》

虽然没有让火熊熊燃烧的力量，但至少不要让它黯淡下来。

——佚名

天地之间并非如隔深渊。因此如果我们轻视神所创造并赐给我们的地上之家，认为它永远只是为邪恶、私心与暴力所支配之地，那真是对神的严重冒渎。大地并不是赎罪的地方，是我们居住的地方。在这里，我们必须为把握真理与正义而奋勉以赴——这其实是藏在每个人心灵深处的理想。

——马志尼

我们总期待着有一天将成为天使，或相信过去我们曾经一度是软体动物，但我们最好撇开这些想法，重要的是确确实实去完成自己该做的事。

——罗斯金

※

如果我们认为人生的目的在于个人的幸福，人生将是多么的无意义，多么叫人难以忍受！相反，只要我们认识人的传统、理性和心声，也就是说，只要我们认清人生是为了完成上天给予我们的任务，那么人生将是一种永恒的喜悦——不是状态而是进行的过程。

# 1月4日

## 世界的和谐

无论我们愿不愿意，都会感觉到自己与周围整个人类世界是结合在一起的。是的，思想、交易、知识，尤其是我们在世界上的位置、境遇之一致，以及我们对世界的关系之一致，把我们大家结合为一体。

善良的人互相帮助而且不互相猜疑，相反，邪恶的人却唯恐大家不彼此为敌、互相妨害。

（原文：君子成人之美，不成人之恶，小人反是。）

——《论语》

每个人都有他的重荷和缺点，谁都不能脱离别人的帮助而生活。因此我们应该靠安慰、忠告或警戒来互相帮助。

我们世界的组织已经使得一千人共同工作远比一千人独自

工作能生产更多的东西。但这绝不表示其中的九百九十九人在本质上必须成为某一个人的奴隶。

——亨利·乔治

善者是不善者的老师，不善者是善者的借鉴。如果不善者不尊重善人，善人不珍惜不善者，虽自认聪明，其实还是大大的糊涂。

（原文：善人者，不善人之师，不善人者，善人之资。不贵其师，不爱其资，虽智大迷。）

——老子

作为亚当之子的我们，可以说是同一个身体中的各部分组织，当其中某一个组织痛苦的时候，其他所有的组织也会跟着痛苦。因此假如你冷漠对待别人的痛苦，你就不配称为人。

——佚名

※

从我们所知道的时代以来，人类的全部历史不外是人类不断走向大融合的运动。这种大融合是通过许许多多不同的手段来完成的。因此不仅是为此大融合尽力的人，即使是一些背道而驰的人，事实上也为这番大事业效劳了。

# 1月5日

## 言语的过失

在人挤得满满的建筑物中，若有一个人突然大喊："失火了！"顷刻间大家一定会为了逃生而乱成一团，结果真不知要制造多少死伤。

因言语产生的毒害显然和这种情形一样，但我们的言语之伤人有时候我们自己是看不到的，而其毒害之大却相同。

刀枪之伤可治，人言之伤却不可治。

——波斯谚语

我们若把嚼环放在马嘴上，叫它顺服，就能调动它的全身。看哪，船只虽然甚大，又被大风催逼，只用小小的舵，就随着掌舵的意思转动。就像这样，舌头在身体的器官中也是最小的，却能说大话。看哪，最小的火，能点着最大的树林；舌头就是火，在我们身体中，舌头是个罪恶的世界，能污秽全身……

——《雅各书》3：2～6

听到有人在毁谤别人的时候，别加入愤慨的行列。

有人恭维你的时候，别为此得意。

不要传布别人的恶行，但要发扬别人的善行。

当你常常这么做并且习惯于此的时候，听到有关对某人的恶评，对你而言那些话便如同痛骂自己一样刺痛；你如果搬弄邻人的是非，对你而言这些是非会如同鞭打自己一样让你感到疼痛。

——东方金言

对于别人的争论，只可侧耳倾听，可千万别加入。无论多细微的事，都避免注入愤怒与激情。愤怒是最不聪明的，对重大事情尤其如此。因为愤怒将让人昏了头，乱了脚步。

——果戈理

我曾说，我要谨慎我的言行，免得我舌头犯罪；当恶人在我面前的时候，我要用嚼环勒住我的口。

——《圣经·诗篇》39：1

※

千万别让自己成为人类和谐的破坏者。小心别因自己的话让大家产生互相排斥的恶劣情感。

# 1月6日

## 摆脱欲望

我们必须为行善而努力，但更需要为不行恶以及抑制情欲而努力。

为达到道德的最高境界，没有什么比节制更重要的了。而节制非得从小养成习惯不可；能及早养成节制的习惯，便能不断地积德；积了德就没有什么是不能克服的。

（原文：治人，事天，莫夫啬。夫为啬，是谓早服；早服，谓重积德；重积德，则无不克。）

——老子

所有蛊惑人的东西，所有大家热衷追求的东西，是很少带给人幸福的。当一个人为自己所追求的事物着迷的时候，他便以为他的幸福就在这件事物之中。但无论他原来追求的事物是否已经获得，他很快又要开始为另外一种自己所未拥有的东西而兴奋、嫉妒或伤心。很明显的，这是因为低劣欲望的满足并不能让人获得心灵的自由，相反，丢弃这种欲望才能真正获得心灵的平安。

——艾皮科蒂塔斯

通过试炼的人将蒙受恩典。神试炼每个人；有些人被置于富贵之中，有些人被置于贫困之中——富贵者是否对贫困者毫不吝惜地施与？贫困者对自己的遭遇是否逆来顺受？

——《犹太法典》

当你忍不住为一些加诸于身的不愉快事情暴怒的时候，你应该立刻避开，绝不可失去自制力。我们若能经常练习以意志力来让精神回到平静状态，则保持精神平静的能力也会逐渐加强。

——奥勒留

※

即使一再经历到克服情欲的失败，也不要气馁。在对抗情欲的努力中，情欲的力量会慢慢减弱，对情欲的克服也会越来越容易。

# 1月 7日

## 对所有的人怀善心

对人保持善心是我们的义务。如果对人不善，我们的恶，也将挑起对方的恶。

在与人的相处中，无论遇到多卑微多可怜又多可笑的人，我们都应该尊重他们。我们必须认清存在于每个人内在的复杂情况，并由此发现在最高法则下的永恒不变的东西。当我们碰到最厌恶的人，最好能这样想：“是的，这世界是免不了这么丑恶的东西的，宽恕他吧！”假如我们对他采取敌对态度，不但会让我们自己陷于不义，而且还会致使对方做致死的挣扎。任何人都无法改造自己，每个人生来具有他特有的性格、能力、气质与容貌。

因此，我们所责怪的那种人，除了与我们成为不共戴天的仇敌，他对自己亦无可如何。虽然如此，说实在的，我们的确只有等他变成另一个样子的时候才愿意承认他、善待他，但是一个人天生的本质是很难改变的。

因此，无论对怎样的人我们都必须善待他，而不应该要求他做他做不到的事，也就是说，我们不必期待他变成别的样子。

——叔本华

今日事今日毕。

自己能做的事尽量不要叫别人去做。

不要因为便宜而买许多不必要的东西。

自尊心比衣、食、住所需要的一切东西更为尊贵。

很少有因谨慎而后悔的事。

我们经常为了一些或许会发生但事实上并未发生的事烦恼不已。

生气的时候，别急着说什么或做什么，先从一数到十！如果还生气，数到百！再不行，数到千！

——杰弗逊

※

善心和深情将美化人生，将解决所有的冲突矛盾，解开纠结，化繁为简，拨云见日。

# 1月8日

## 基督与佛陀

基督话中的真理是连幼小儿童都能懂的，非常简单明了的东西。只有那些装作是基督教徒或自称基督教徒而实际上其行为又不配称为基督教徒的人才不懂得这番真理。

从基督所谓的“因富贵而淫乱”的状态脱身的民众，要求天父的只是和天父给予“既不种也不收的天上飞鸟”同样多的东西，而以如此少许食物维持每日生活就能满足的民众，和其他许多为尘世种种欲望而烦恼的人比起来，他们过的是更为真实、更为真心的生活。因此种种勇敢行为或自我牺牲只有从他们之中去寻求、去发现。若舍弃民众，重大任务将如何履行？民族的力量与尊严将从何而来？在一个民族走向衰亡之际，让它更新复活的不是民众又能是谁？假如一个民族已病入膏肓，势必替代枯枝的新芽若不发自民众，究竟要发自何处？正因为如此，基督才走向民众。民众也因基督认识了神，称他的名，服从他的力量，宣扬他的力量。贵族、僧侣、学者诅咒并杀害他。尽管这些人狡猾又残暴，尽管他们执行死刑，基督却在民众之间获得了胜利。民众在世界上建立起基督的王国，基督的精神将在民间发展。

——拉梅内

我们必须对两种同样具有危险性的迷信有所警惕。一种是告诉我们神的本质能以语言来表达的神学家之迷信；另一种是认为神的力量能够以科学的剖析来说明的科学家之迷信。

——罗斯金

基督给我们的最后戒律表明了他全部的教诲：“像我爱你们一样互爱吧。假如你们能互爱，所有的人就会明白你们是我的信徒。”

基督只说“假如你们互爱”，而不说“假如你们信这个信那个”。信仰随着经验或知识的进步而发展，而变化。信仰与时间息息相关，它随着时间而变化。但是爱与时间无关：爱是不变的，是永恒的。

——佚名

※

为了体会基督精神，仅消除自己的邪念是不够的。

# 1月9日

## 自己来思索

只有靠自己思想上的努力而非靠记忆力所获得的知识，才能算是真正的知识。

当我们把自己一向所学的全部遗忘时，才能真正从头认识一切。想研究某种东西的时候，如果预先认为自己跟它的关系早已由以前的学者所奠定，那么我们对它的认识就太局限了。为了彻底了解某件事，我们必须把它当作从未见过的全新的东西来研究。

——梭罗

如果不断接受并累积了别人的思想，那么自己的思想势必停顿、萎缩。长此以往，我们的思想力若无高度韧性以抗拒这种并非来自本身的不自然的思想之累积，最后我们的思想可能要整个麻痹了。这就是无所选择的滥读或滥钻研反而糟蹋脑筋的原因。再说，假如我们为了让出空位给别人的思想而使得自己的思想与知识系统时时中断，那么它们本身的完整性与连贯性都将遭受破坏。为了接纳别人的思想而驱逐自己的观点，就如同为了造访别人的土地而变卖自己的土地——莎士比亚也曾经如此指责过他那个时代的过客。

在自己思考某一件事之前便先读取别人的相关见解是有害的。因为脑子里除了新的材料，同时也摆上了别人对它的观点或态度，如此人便容易在怠惰与冷漠中回避思考上的努力，而只采用既成的思想，让它来发挥作用。这种习惯很快便会生根，一旦如此，思想就如注入运河的水流，只是通过一定的水道却了无痕迹。最后，想要发现自己的新思想就变得双倍困难。这也是学者很少具有独创性的原因。

——叔本华

知识就像通货，假如一个人的金币是从刻苦中得来的，他便可以为拥有它、使用它而感到自豪。即使是铜币，只要那是正正当当靠自己的努力换得的，一样可以引以为豪。但是那些什么都不做，只靠路人施舍存活的人，他们有什么理由为如此得来的货币而自豪呢？

——罗斯金

对人的头脑而言，过早地学习与过多地学习比完全不学习危害更多。

——佚名

伟大思想家的功绩很明显是建立在下面的事实之中：他们独立于先于他们存在的书籍和传统，他们所表现的是自己所思考的东西，而不是以前的人或同时代的人所思考的东西。

同样，我们每个人也应该不断注意并把握经常如火花般闪烁并燃烧于我们良心里的明亮思想。对我们个人而言，这种内心里的光之放射，比许多诗人、艺术家、哲学家所构成的灿烂星河以及对他们所有的研究都有意义得多。

——爱默生

运用心智所得的思想，或至少已经能解开内心疑虑的思想，才是真正有生命的东西。只凭记忆所得或只摆在脑子里未经消化的别人的思想，对我们的生活不会有深入的影响。

——佚名

※

可以少谈一点，少学一点，但一定要多思索。只有对你有必要的和你想知道的东西，才应该向师长或书本请教。

# 1月10日

## 教育的基础

宗教上的教化是教育的基础。

教育的艺术必须以对未来的计划为基础。教育儿童的时候，要记得我们教育他们并不是为了让他们适应现在的生活，而是为了让他们适应人类更好状态下的未来生活，也就是适应具备更佳条件的另外一种生活。可是通常做父母的只是教育孩子成为目前世界的有用人物。如果父母能够为了人类较好的远景而教育孩子，则这个世界真的会因而走向更好的境界。

——康德

如果想塑造能适应未来生活、有助于未来世界的人物，必须以完美的理想人物为目标来教育他——只有这样，被教育的人才能在未来的人类当中成为有价值的一员。

——佚名

我认为，引导儿童达到自己内部神性的觉醒是父母和教育家的主要任务。

——柴宁

教育的真正目的不仅是教人行善事，同时也教人从中发现喜悦；不仅是教人洁净，也教人爱洁净；不仅是教人守正义，也教人渴求正义。

——罗斯金

※

宗教上的教化是教育的基础。尽管如此，但现代的基督教世界给人的却是虚伪的教育，事实上是在教人不相信任何人。而孩子们的眼睛是雪亮的，他们识破了这一点，因而他们不但不相信被教的东西，也不相信教他们的人。

# 1月11日

## 谈谦虚

缺乏谦逊便谈不上人格“完成”。

“我现在已经很好了，为什么还要更上一层楼呢？”如果你是这样，那自我完成就不可能达成了。

爬得越高，越要谦逊。虽然很多人都活在权势与荣誉之中，但种种神奇奥秘却只向身份低的人启示。不要追求过于艰难的非你能力所及的事物，对让你们产生使命感的事物心怀敬意地细察吧。对并非必要的东西别动了好奇心去钻营，在你面前经常会展现你所无法了解的东西。

许多人都带着虚浮愚蠢的见解欺骗自己。因此别夸耀不属于你自己的知识。

——《伪经》

耶稣叫了他们来，说：“你们知道外邦人有君王为主治理他们，有大臣操权管束他们。只是在你们中间不可这样；你们中间谁愿为大，就必做你们的佣人；谁愿为首，就必做你们的仆人；正如人生来不是要受人的服事，乃是要服事人；并且要舍命，做多人的赎价。”

——《马太福音》20：25～28

受到侮辱而能不图报复，能平静地忍耐所受侮辱的人，是在世界上获得最大胜利的人。

——杰尼奥

你的朋友之中有些谴责你，有些赞赏你。你最好亲近谴责你的人而远离赞赏你的人。

——《犹太法典》

站到比自己应有的地位还低的地方吧。因为让人喊“下来”不如被喊“上去”。

把自己放在高处的人，神会让他下来；谦逊的人，神会让他上到高处去。

——《犹太法典》

就在行、住、坐、卧间，尽量把你心中的支配欲消除吧。人应对虚荣有所警戒，不必追求荣誉与赞美——这些东西只会毁去你的精神，泯灭你的灵性。不要以为自己比别人好，也不要以为自己拥有别人所不能具备的美德。

——圣贤思想

你们中间谁愿为大，谁就要做你们的佣人。凡自高的必降为卑，自卑的必升为高。

——《马太福音》23：11～12

※

常常想起自己的恶行吧！这有助于你不再行恶。但如果你常常记得自己的善行，则很可能妨碍自己行善。

# 1月 12日

## 盲目的信仰

有人认为自己有权代替别人决定他们对神和宇宙的关系；另外也有人真的把这种权利交付给别人而盲目信仰那些人所说的话；大部分人都属于后者。而无论是前者还是后者，同样都犯了错误。

听说所有宗教上的问题都被解决了，所有宗教上的法则都被建立起来了，于是有人立刻将自己托付给那些解决问题、建立法则的人。

“别人已经那样具有决定性并且已绝对了解的事情，我为什么还要为它苦思呢？”这些人只是想过安逸满足的生活，只是想日夜陶醉在梦幻之中。

追求这种愚蠢满足的人，结果必丧失探求智慧的热情以及评价事物的能力。

因盲目信仰所造成的铁轭烙印恐怕会长久留存在我们的颈部。

——弥尔顿

从人拒绝了自己道德上的义务开始，从人不是靠内在的声音而是靠着某种特定的阶级或党派的见解来限定自己的义务开始，从人以自己不过是千万人中的一分子为理由而甩掉个人的责任开始——是的，从这些时候开始，人便丧失了自己的道德勇气；从这个时候开始，他们把神才能完成的事情向世人去期待；他们把人类浅薄智力制造的野蛮武器摆到神力的宝座上去了。

——柴宁

小孩子最初把妈妈或祖母的“晚安故事”当成不变的真理反复背诵着，然后重复老师的话，随着年龄的增长，便重复自己在人生道路上认识的许多知名人士的话——我们几乎就是如此成长的。

我们是以多大的努力记取别人所说的话的？但当我们自己也达到他们所站的阶段而能够了解他们话中的意义时，我们却有强烈的幻灭感，以致恨不得把他们所说的话全部忘掉。

——爱默生

你们要防备假先知；他们到你们这里来，外面披着羊皮，里面却是残暴的狼。凭着他们的果子，就可以认出他们来。荆棘上岂能摘葡萄？蒺藜里岂能摘无花果？这样，凡好树都结好果子，唯独坏树结坏果子。好树不能结坏果子，坏树不能结好果子。凡不能结好果子的树，就砍下来，丢在火里。所以凭着他们的果子，就可以认出他们来。

——《马太福音》7：15～20

过去诸圣贤传给我们的文化遗产我们是能加以利用的，但是对这些东西的内容，我们必须以自己的理性来检讨，并有所取舍。

——佚名

※

每个人对神和宇宙的关系都必须由每个人自己去建立。

# 1月13日

## 信仰的意义

信仰是对人生的意义之领悟；是对这种领悟所产生的任务之认识。

“怎样的人是善良的人？”

“有信仰的人才能算是善良的人。”

“但是信仰是什么呢？”

“所谓信仰，就是良心与自己的意志之间，以及贯穿整个宇宙的理性与自己意志之间的大和谐。”

——中国佛教

宗教的目的不仅在于塑造好人；宗教有比塑造好人更高的目的；宗教其实已经先承认了好人的存在。它的主要目的在于把善良人士引向更深的领悟阶段。

——莱辛

有一件事情是非常重要的，即把自己完全交给神，跟着神走；把自己放在大秩序中，这个世界的混乱就交给神去处理吧。破灭也好，不灭也好，都让它来吧：毕竟非来不可的早晚会来，而到来的其实都是一种恩典。为了完成人生的道路，还有什么比对“善”的信仰更重要的呢？

——爱弥尔

平安有两种：一种是消极的平安，那只是解除困扰的状态，是挣扎苦斗后的平安，也就是暴风雨后的宁静。但除此之外还有另外一种平安，那是更完全的心灵的平安；第一种平安其实只是这种平安的第一步。后者是如同无所不知的神所该有的那种平安，它其实就是“神的国度乃在我心中”的一种平安；在这种状态下的心灵的平安也就是真正的信仰的平安。真正的信仰，指的是自觉到自己与神以及宇宙间的合一，是与万物间的爱之结合，是对一切清净无垢者的爱，是能叫我们牺牲自己的欲望和利益的智慧和力量，是对宇宙的精神与生活的参与，是无尽的宇宙本源与自己的意志间的完全和谐。在这种境地，这种平安之中才有人类真正的幸福。

——柴宁

朋友，你何以为存在的神秘而这样苦思呢？何以为一些难题折磨心灵呢？快快乐乐地活着吧，临死的时候没有人会问你“为什么世界是这个样子”这类问题的。

起个大早走到晨光里，闻闻清晨的喜气，这一刻稍纵即逝，时间一过便难寻觅。早晨像个新生儿，黑幕已掀除，还有什么可叹息的呢？起个大早，融入那让你更新的时光里！

——佚名

有人说，末日之时会有个大审判，善良的神将勃然大怒。但善只能生善，它不会产生其他任何东西。我们没什么好担心的；末日之时将会充满喜悦。纵然世界上存在着各种不同的信仰，可是真正的信仰却只有一个，那是对神的信仰，也就是对爱的信仰。

——奥玛·开俨

什么样的人是善良的人？一个人只有达到真正的宗教境界才能算是善良的人。然而所谓善是什么呢？最重要的是指良心（智慧）与意志的和谐。

——佛典

“神的意志存在于天，同时也存在于地；存在于永恒的世界，同时也存在于短暂的人生。”——假如我能真心说出这样的话，那么对我而言，任何有关不朽的把握和证明都不是必要的。我对“永恒的存在”之意志赞颂不绝，并且把自己托付给他。我知道那个意志便是“爱”——对我而言，有比这更重要的吗？死后如何我一点儿都不用担心的。

基督临死的时候说：“神啊，我的灵魂就交到你手上了！”——能了解这些话的全部意义而且能从心底如此表白的人，除此便再没有其他更重要的事了。信仰——真正的信仰，把一切事情都解决了。

为了具备这种信仰，必须在自己的内心培养，为了培养它，必须一辈子为信仰而努力。

信仰这桩事的本质并不存在于什么了不起的大行为中，而是存在于不太惹人注意的琐琐碎碎的情况里；尽管如此，那却是特地为了神才造成的情况；许多细微的事也只有因神的目的才有实现的可能。

巴斯噶说：“每个人都会有单独面对死亡的时刻来临。”

是的，真正的生活并不是在世人面前，而是在神面前我们能以一个独立的个人过的生活。

——佚名

※

不要以为没有信仰也能找到心灵的和平。

# 1月14日

## 人类与爱

爱自己肉体上的“自我”，等于把对神的爱糟蹋了。而应该爱自己的内在与其他所有人的内在都存有的那唯一相同的东西，这也就是对神的爱。

“耶稣，律法上的诫命，哪一条是最大的呢？”耶稣对他说：“你要尽心，尽性，尽意，去爱主宰你的神。这是诫命中的第一，且是最大的。其次也相仿，就是要爱人如己。这两条诫命，是律法和先知一切道理的总纲。”

——《马太福音》22：36～40

支持每个人活下去的原因，并不是因为他会独自思考，而是因为他发现每个人心中都有爱的存在。

神似乎不喜欢人零零散散自顾自地活着，因此神并不启示我们各自只为一个人所需要的东西而活；神喜欢的是人类结合成一体地活着，因此神启示我们的是对我们自己和对别人都同样重要的东西。

世人或许认为自己是在为每日的工作活着，但事实上大家是为了爱而活着的。假如人的心中没有爱，也就没有一个婴儿能够长大，人类也就无法延续下去了。

——佚名

每个人都因爱而活着。而对自己的爱是死的开始，对神与人类的爱却是生的开始。

——佚名

假如不能原谅兄弟，也就是不爱兄弟。真正的爱是无边的。而且如果是真正的爱，也就没有任何无法原谅的侮辱存在。

——佚名

神就是爱。人若住在爱里面也就是住在神里面，神也就住在他心里。从来没有人见过神。我们若彼此相爱，神就住在我们心里，而且神的爱也得以在我们内心实现了。若有人说他爱神，却恨自己的兄弟，这是在说谎；因为连身边的兄弟都不能爱的，又如何能去爱看不见的神呢？弟兄们啊，我们应当彼此相爱；因为凡有爱心的，都是由神而生，并且认识神；因为神就是爱。住在爱里面，就是住在神里面，神也住在他心里。

——《约翰一书》第四章

只爱我们所喜欢的人，这种爱不能算是真正的爱。真正的爱是对存在于别人心中也存在于我们自己心中的那同一个神的爱。由于这种爱，我们不但能爱自己的家族，爱那些也爱我们的可亲的人，同时也能爱凶恶可憎的人。我们若想这样爱每一个人，我们必须记得我们所交往的人，他们也像我们爱自己一样爱他们自己；而且记得他们心中与我们心中存在的是同样一个神。若能如此，我们就晓得应该如何去对待他们了，也因而能去爱他们了。当我们能如此去爱的时候，会比只爱同时也爱我们的人带给我们更大的喜悦。

——佚名

※

爱并不是我们生活里自自然然就产生的东西：爱是结果，不是原因。爱的原因是我们的一种自觉，即自觉到存在于自己里面的神的根源（精神的根源）。是由这番自觉来要求爱、产生爱的。

# 1月 15日

## 认识神

出生与死亡是两个界限，而在超越这两个界限的彼方却存在着某种相同的东西。

人能活得高贵也能活得卑贱，同样，人可以死得高贵也可以死得卑贱。人具有虽经不起外界种种诱惑却抗拒死亡为最高天命的自我，但这个自我毕竟会因而感到羞耻和痛苦。另外还有一个为完成神圣天命而身心借神的生与爱而发出光辉的自我，这个自我就像优秀的劳动者，不但为自己的工作运用自己的工具，并且聪明运用一切天赐的材料；这样的自我到时候又能平静地将工具与材料放下，绝不因其他外来的目的而使自己变质，而能顺着天意自自然然地走向另一个世界。

——卡本特

我想死后那种非现实情况与我未出生前所在地方的状态是一样的；那绝不是一种冷血状态，因为冷血还是具有感觉的可能性，但那是一个什么都无感觉的状态。

我是否进入这种状态，但“自我”或“状态”的字眼已不适于表达已经在那里面的我；我认为完全平衡的永恒的人生该是如此；我也认为人无论生或死都是很好的。人存在于斯，期待于斯，凭着智慧行动是我们的义务，因为我们想抓住整体是不可能的。

——李希登堡

当我们心里在为有意义的事而忙着的时候，“不朽”的问题并不引起我们的兴趣；这时候觉得一切都很好，而且相信未来也会很好。对我们而言，重要的事情是对未来的信心，相信未来更好的世界；但这并不意味着相信在我们之前还有几百万年、几千世纪的时间，而是相信在未来的日子我们将获得更多的平安与和乐。

——佚名

活着时，我们的心是埋葬在我们的肉体中，但当我们死的时候，心便复活了。

——赫拉克利特

并没有“死”这种东西，有的只是我们已经经历的以及将要经历的，而且是越来越好的经历过程。

人的心灵并不会跟着肉体一起完全死亡；心灵会有某种永恒的东西留下来。

——斯宾诺莎

※

我们并没有必要去推测死后将会发生何种现象这一类的问题。重要的是努力顺从神的意志而生活；神的意志是我们凭自己的理性可以在心中意识到的。

# 1月 16日

## 人间不幸的原因

使得人生无法获得改善的最大原因是假信仰。

我们的一辈子是在将人生中的不合理部分引向合理；是要从无知走向智慧。为达此目的，有两件事是不可缺的：

第一，在生活各层面看出人生的不合理性或无知，一刻也不容疏忽。

第二，了解实际人生中一切合理的真面目。

人一旦认清生活上的一切不合理性以及经常从它产生的不幸，就会在不知不觉间避开它。而另一方面，人一旦认清了实际人生的合理部分，就会在不知不觉间走向它。因此，去揭发由不合理造成的种种“恶”，并把合理生活带来的幸福明白告诉大家，应该是人类所有教师的任务。

然而以人类的导师或世界的领导者自居的人却往往不为人

类指示光明之路；他们不但不去指明目前生活之不合理性以及未来理想生活之合理性，反而尽量在隐藏前者并破坏对后者的信心。事实上也由于如此，社会才有警察、军队、刑法、监狱、孤儿院、养老院、妓女院、疯人院、医院、保险公司、感化院等机构的存在与活动。这个世界有时让人觉得简直在隐瞒邪恶和开倒车。这些设施，无论哪一种，除了隐瞒罪恶之外，还以一种宿命的形式产生新的恶，于是像越滚越大的雪球一直扩大而难以阻止。人类为了这些设施所花的精力是很可观的，只要以这样的千分之一的精力来抗拒恶，恶会立刻消失的；这些恶目前对我们而言，已经是很明显而且很让我们觉得痛苦的。

——佚名

我们必须非常谨慎地对待社会上的一切；我们不应拘泥于自己的意见，必须抛掉落伍的观点，摄取新的东西；我们必须消除偏见，以完全自由的头脑来判断。不顾风向的转变，一直那样张着帆航行的航海者，绝对到不了他的目的地。

——亨利·乔治

劳动者与资本家若想改善他们之间的关系，必须放弃“以眼还眼，以牙还牙”的作风，而在生活中实现爱——也就是做到“己所不欲，勿施于人”。

——露西·马洛丽

世人只要还像现在这么过，任何依靠暴力强权所做的改革都无法扭转人类的不幸。真正的改革并不是生活形式的变化，而是善与合理的普及。

——佚名

※

服从于不正确的信念（假信仰）所做的种种要求，是人类不幸的主要原因。

# 1月 17日

## 完成自我

为了实现自己内在的使命，实现心灵深处所触及的神之法则，人会在不知不觉间以最确实的方法为社会生活的改善效劳。

除非从内在生活获得自由，否则人不可能有外在生活的自由。

——赫尔岑

我们在世界上就像小孩子中途进入老师讲课的教室，前面的部分没听到，却在后面的部分还没结束的时候又跑了出去，虽然中间听到了一点，但对于听到的部分也并不太了解；关于神的伟大教义，在我们开始学习以前数十世纪就已经产生，而在我们化成尘土之后它还是会继续存在的，我们只是听到其中的一部分，可是对这一部分我们还是了解得很少。纵然如此，根据我们的接受能力，我们也了解到某种伟大的、胜利的、灵性的、神圣的东西。

——托马斯（大威特）

幻想家往往信心十足地断定未来。但是他不想等待，他急着想接近未来的景象；有些东西若顺其自然恐怕要经过数千年岁月才能发生，但他想在自己活着的时候就全部看到。

——莱辛

你们为什么把自己置于那么不幸的境地而徒然苦恼着呢？你们所要的是善，但总不知如何能获得它；你们可要知道，只有赐给我们生命的才能把它也赐给我们。若你们心中无神，则什么也得不到。你们除了在苦恼之床辗转反侧，究竟发现到什么了呢？你们确实把暴君消灭了，但又有更坏的暴君出现；你们废止了奴隶制度，但又有新的流血制度和新的奴隶制度产生。站在神和你们之间的人是不可信的，因为他们以自己的影子把神遮住了。这些人拥有的只是邪恶的意图，因为自由的力量只会来自神，把一切结合成一体的爱也只会来自神。

凭自己的思想与自己意志的法则来带领你们的人，究竟能为你们做些什么呢？即使他们有好的意图，只愿意为善，他们给你的仍然是自己的意志而不是神的法则，是自己的思想而不是正义的法则；这是所有暴君的做法。如果除灭一个暴君为的只是换另一个暴君登场，这样的除灭是毫无意义的。真正的自由并不存在于任何暴君统治之处，而只存在于神统治之处；没有神统治之处人便为所欲为；神的王国是以智慧和心灵为基础的正义与博爱的王国；这个王国的基础也就是对神的信仰，是对基督所提倡的正义与博爱之法则的信仰。正义的法则告诉我们，在神之前，以及在人类唯一的教师基督面前人人平等。博爱的法则教给我们大家应该作为神之子而互爱互助。

假如有人告诉你："在我们以前谁也不知道正义是什么；正义是由我们产生的，相信我们吧！我们会树立能够满足你们的正义的。"这是一派谎言！或者假如有人向你们认真约定自由，那是自欺欺人，因为那些人希望的是你们把他们当主人，你们的自由只存在于服侍这些新主人之中。

——拉梅内

因毛细管的连通作用，甲容器的水得以不断注入乙容器，直到两者的容量平均为止；如果人的智慧也能像这样，由满是智慧的人向缺少智慧的人注入，那该有多好。但事实上，我们在接受别人的智慧之前，非要自己先努力一番不可。

——佚名

※

静听神的启示，不断改善自己的心性走向完美之道。唯有如此，你才能以最丰富的形式为全人类生活之改善尽一分力量。

# 1月 18日

## 认识自己的使命

了解自己作为一个人的使命，并且尽量去完成它的人，才能算是真正的文明人。

从人类开始存在的时候起，在各民族中就经常出现一些教师，他们构成了有关人类最有必要首先了解的学问。这种学问指示了个人与全体人类的使命以及真正幸福的所在；也只有凭这种学问，人才有可能判断其他所有知识的意义或限定其他所有知识的目的。

学问的名目是数不清的。因此如果不知道人的使命以及幸福的所在，在这样繁多的探究题目中也就不可能有选择取舍的能力；而且如果缺少这方面的知识，则所有其他的知识或艺术都会堕落成安逸纵情、有毒的娱乐，这种现象在我们眼前也是常见的。

——佚名

现代人违背良心（也就是任何时代卓越人士的自觉）所过的疯狂生活，可以从下面的事实获得说明：年轻人虽然致力于研究许多难题，如天体的位置、数百万年前的地球状态、有机体的根源，等等，但对任何人而言却都是最重要的一件事被搁在一旁，这件事就是“人生的意义”。换句话说，他们并不去研究人生该怎么过或往日圣贤对这个问题怎么想、怎么解决。不，现代的年轻人对这件事不研究也罢，他们还被灌输一些在神的法则下显得最无意义的东西，这些东西其实连研究的人本身都不相信的。我们整个生活并不是建立在巩固的基础上，而是建立在气球上，如此建立起来的东西，怎有不崩溃的道理呢？

——佚名

※

学问只有在探知人生的意义或什么是真正的善这类问题的时候才是必要的。这种学问是每个人都可以获得的。

# 1月 19日

## 谈自我牺牲

社会生活只有靠每个人的自我牺牲、自我否定才能获得改善。

春天并不是由一只燕子完成的，这句话虽然没错，但如果已经有一只燕子先感觉到春天的气息，它能只是等着不飞吗？如果所有的土地和小草也都只是等着，春天就永远不会来了。同样，在我们建立神的王国时，我们根本无须考虑自己是那第一只燕子还是第十只燕子。

——佚名

天地是永恒的。天地之所以永恒不灭，是因为天地并不是为它们自己而存在；它们因为无私，故能恒存。

圣人也是如此。他们因能退让反而得到敬重，因不计利害得失反而受益。正因为无私，所以他们能完成自己。

（原文：天长，地久。天地所以能长且久者，以其不自生也，故能长生。是以圣人后其身而身先，外其身而身存。非以其无私耶？故能成其私。）

——老子

在每个人都等着对付善恶之间的最大战争的时候，在世界各地都已经听到雷鸣的时候，在神与恶魔两军将引起冲突的时候，在大家感觉到这场冲突的结果将关系到人类未来命运（自由或奴役）的时候——在这样严肃的时候，最重要的是应该了解：要完成神圣任务的人必须以救世为目的，要能舍生取义，绝不为私情所困，能如苦行僧般随时从一处走到另一处为大众解决问题；而且能过穷人的生活，能以先驱者为榜样。至于贪图一时之快的，为物欲所诱惑的，不知自己内心有要求自由的心灵存在的，不知活着就是一场战斗、就是要为达成伟大的自由而死的——所有这些人都是虽生犹死。

——拉梅内

※

没有牺牲而想改善人生的一切尝试都是白费的；这类尝试只会把改善人生的可能性拉得更远。

# 1月20日

## 心灵世界

基督教根本上是在建立人与神之间的直接沟通。

假如你问基督教思想的基础在哪里，我会这样回答：那是在于基督对人类心灵之伟大所怀的信念。基督可以用穿透物质外衣的眼光来看人——肉体在基督面前消失了。通过富人的衣服，也通过穷人的衣服，他都在那深处看到人的心灵。而且基督也在愚昧无知的幽暗处以及罪恶的泥沼中发现了具有无限发展可能性的力量之幼苗，亦即心灵不灭的本性。他更在堕落颓废的人心中看到了天使之光。不，他甚至深深感觉到每个人心中其实都没有什么无法把握的特异的东西存在。

——柴宁

大众的情况与个人的情况一样，解除其偏见或迷信，并不能立即为他们减少道德修养上的障碍物，那只不过将恶劣的障碍物换成了更尖锐的障碍物。人失去一向所习惯的偏见或迷信时，一开始会有六神无主的孤独感，但这种外在支柱的失去却把他引向自己的内在，而得以实实在在把握自己。他将因此感到自己与神的沟通；他将不再只是从文字上去了解宗教的教义，而从自己的心灵去体会；他心中的小小礼拜堂将与天地的无边圣堂合而为一。

——爱默生

有些人从学理上去认识神，这样的认识是危险的，容易陷于危险的错误中。有些人则从德性上去认识神，也就是由信仰所得的对神的认识，它所考虑的只是给予我们最高道德行为的神之本性，这样的信仰是真实的，是自然的。

——康德

我们不仅以探求道德生活为满足，还要去探求比道德律更高尚的东西。

——梭罗

※

当心一切介于你和神之间的东西，当心你心中的一切幻象。

# 1月21日

## 真正该做的事

随着人内在理性的逐渐巩固，情欲的逐渐平静，以对神和邻人的爱为基础的精神生活也能逐渐自由地成长。当我们意识到这一点并努力要去完成最高精神生活时，我们就是一个真正幸福的人。

假如风雨来袭的时候，我们看到有人不修屋顶，不装门窗，反而奔向户外被风吹雨打，并对着风雨咆哮，命令风往右吹，雨向左移动，我们一定会说这人是个疯子。可是当我们不去根除自己内在的恶，只是对着世界上的种种恶行发脾气的时候，与上述做法并无两样。消除自己内在的恶——修屋顶、装门窗——是我们凭一己的力量做得到的，但要从世界上根除恶，则与处置风雨一样，并非我们能力所及。假如世人能从教导别人转而多教导自己，世界上的恶将会逐渐减少，大家将会活得更轻松愉快。

——佚名

注意别因过失让整颗心紊乱。没有比知道自己的过失更具有教训意义的了，这是自我教育最重要的方法之一。

——卡莱尔

避免为未知的事烦心，避免介入与自己无关的事。若要那么做，不如正确走上自我完成之路，努力求得成功。

——圣贤思想

绝不要认为自己的小小恶行并不算什么。“这一次虽然做了，以后不会再做的。”——绝不要这样想。这并不是真的，你一旦做过坏事，下一次再想自制，对你而言是困难的。

“做善事，太容易了，我们并不值得为它特别努力，什么时候想做都可以做。”——绝不要这样说。即使极细微的善事、善行都能为美好的生活增加力量。

——佚名

从老苹果树上同时掉下来一个熟透的红苹果和一个未长熟的青苹果。青苹果对红苹果说：

“伯母，你好，但是伯母，多么希望你是像我这样早早真正的成熟。”

“什么，像你那样成熟，多没礼貌的孩子！”熟透了的苹果回答，“我有这么红的脸颊，长得又漂亮、又结实、又多汁，你到底晓不晓得？我并不觉得还要怎样更成熟，我只想陶醉在喜悦之中。”

“虽然如此，你的美，你的身体都像有时间性的衣服，并不含有真正的生命。那藏在你体内却不为你所发觉的种子——只有在那种子之中才有真正的生命。”

“哪有什么种子这种东西！尽说些傻话。”烂熟的苹果这么回答。谈话到此中断。

搞不清自己内心中存在着灵性生活，而只知道过动物生活的人，正和那个红苹果抱有同样的想法。但无论你愿不愿意，我们都跟这个苹果一样，随着年岁的增长而逐渐衰老，被我们当成生命的东西将慢慢枯萎消失，而真正不断成长的不朽的生命往往到最后才觉醒。既然如此，倒不如从一开始就认清这样的生命，过充实的精神生活。

——佚名

※

我们往往认为我们最主要的工作是去做眼睛所能看得到的事情——例如盖房子、耕田、饲养家畜、采果子，等等。认为精神生活的活动、眼睛看不到的活动是不重要的。可是无论如何，没有精神生活，则其他一切活动都是无意义的。

# 1月22日

## 战争与杀人

杀人行为使得宗教上的教义中或每个人的良心中所表现的神的法则遭到最野蛮、最显著的破坏。任何情况下都不能说它不是破坏行为。

由恶德产生的战争恶果，其程度之大真是不可衡量。

基督在何处？他的教诲我们要到哪里去寻求呢？在信奉基督教国家的人民之间能发现基督吗？在种种人为设施之中吗？——不，他不在这种地方。在出发点不公正、不平等的法律之中吗？——不，他也不在这里。在为利己主义所渗透的风俗习惯中吗？——他绝不会在这种地方的。那么基督究竟在哪里？基督在人类本性深处为未来而准备的活动中。他在纯净心灵的愿望中。他在每个人的自觉中，也就是在每个人的良心中，因为只有良心能意识到世界现存的罪孽。

——拉梅内

所有的年轻人似乎不得不相信：所谓伟大与高贵是放弃自己本身的意志而成为实现别人意志的武器。他们虽去杀人或被杀，为饥渴、风雨、寒暑所苦，不知自己究竟为什么而残废了，他们却仍然相信一些不可靠的约定或完全骗人的东西，例如以死后留名作为报酬等。

战场上枪声作响，他受伤倒地，伙伴们的鞋踩过他继续前进。他在此逐渐为亲友所遗忘，而他把自己的幸福、自己的苦恼、自己的人生、自己的一切都为之奉献的那一位，对他更是一无所知。过了两三年，有人在这里发现他的白骨，而将它拿去制造鞋油，正好又为他所属军队的将军擦鞋之用。

——阿卡尔

战争在于把人教育成“军人”，让人不再作为一个“人”存在。军人习惯上是与社会隔离的。军人最重要的感情是对上司的效力。所谓上司就是在军队里尽其全力以培养独裁主义的人。独裁主义在于以暴力达成自己的目的，而把别人的权利当成玩物。军人唯一的满足是像暴风雨一样的冒险，军人与致力于和平的人是背道而驰的。

战争还会产生新的战争，战争会继续不断，永无尽期：胜利的人民会陶醉于自己的成功并想继续迈向新的胜利，至于因一败涂地而苦恼的人民则为挽回名誉的损伤而焦虑不安。

双方因互相伤害而变得狂怒的国民都希望对方毁灭，都为敌方产生疾病、饥饿、穷困、动乱而高兴。杀死几千人对于这样的人民而言不但不觉得内疚，反而唤起他们胜利的喜悦，街上开始张灯结彩，为这一件事而欢腾。

如此，人心将荒芜，剩下的只是邪恶的欲念。人再也谈不上同情或人道这一类感情。

——佚名

每个人单独去杀人是不被允许的，那是被禁止的行为。若有谁杀了人，他就成为罪犯，成为杀人犯。如果是两个人、十个人或一百个人所为，他们仍然是杀人犯。但是如果换成国家或国民，他们要杀多少人都可以，这早已不算什么杀人行为，而是让人称道的善行；主要在于召集多一点的人就行，数万人的交战就不是一种罪行了。然而所需要的人数究竟要到什么程度呢？这是个问题。一个人不能有掠夺的行为，全体国民则可以。但究竟是需要多少人呢？为什么一个人、十个人或一百个人的程度都不可以触犯神的法则，众多的人就可以放胆地为所欲为呢？

——佚名

※

每个人的肉体都存在着相同的而且是唯一的神性根源，因此无论是个人或成为集团的大众都不能去破坏这种神性根源与人的肉体间之合一；亦即夺取人的生命这种事是绝对不能做的。

# 1月23日

## 戒愤怒

对兄弟的愤怒将严重破坏人生的最大幸福，亦即将破坏爱的幸福。

罗马贤者塞内加说，抑制愤怒的最佳方法是，当自己感到愤怒的情绪不断涌上来的时候，身体尽量不要动，什么也不要做——不要走路，不要移动，不要说话——如果让身体或舌头自由，愤怒的火势便会逐渐增强。

为了抵制自己的愤怒情绪，当别人大发雷霆的时候，对此静静做一番观察也是很好的方法——塞内加这么说。如果看过别人愤怒的样子，看过那种面红耳赤的凶恶的丑相，那种提高嗓门嚷叫得仿佛醉汉或野兽的样子，骂的又是那样不堪入耳的话，自己愿意也变成这么可厌的东西吗？

——佚名

大家常常容易被愤怒打垮，却又不去制止它，因为大家认为愤怒之中有一种豪气。但事实上绝对没这种事，愤怒是没有一点好处的。我们要记得，愤怒不是强者的表现，而是弱者的表现。

有些人在发脾气的时候便打自己的孩子或找妻子出气，而即使只是对牛、马、猫、狗拳打脚踢，他的这种行为都在于显示他的软弱与愚蠢。

愤怒的人不仅有强烈的自私心与报复心，而且如在狂风暴雨下吐出污泥的海洋，把自己给弄脏了。

——佚名

并不是脾气大的人就是有勇气，有男子气概；事实上具有亲切而慈祥的心地的人才是真正的大丈夫。

——奥勒留

为无边的愤恨所包围的人，只会轻易地把自己带到敌人等着对付他的地方。

憎恨并不会立刻结出恶果，但它如同隐藏在热气下的火团，逐渐焚烧着，让心怀憎恨的人本身受害。

——佛陀

你的敌人会以恶来向你报复，但是你胸中的愤怒会为你招来更大的恶。除非你心里赦免并忘掉那些侮辱，否则你的父母、亲人、邻舍也无法给你任何幸福。

——佛陀

你不能认为在任何场合你都可以向别人发脾气，而且无论任何人，你都不能认为他或说他是个如同废物一样没用的东西。

——佚名

我们之所以怒不可遏，主要是因为自己不晓得自己究竟为了什么而发怒。假如我们真正找到了原因，我们生气的该是那原因，而不是结果。可是一切现象的外在原因往往不易被发现，相反的，内在原因则通常就在于我们自己。

为什么我们这样乐于揭发别人的罪恶，而且是那么居心不良又那么不公正？说穿了是因为揭发别人的罪过可以卸除我们的责任，会使得我们这样想：并非因为我们是坏人，而是因为别人有罪过，事情才搞糟了。

——佚名

※

当小孩子看到大人怒目相对争吵的时候，会立刻给予正确的评价——倒不是论谁对谁错，而是怀着忧心与厌恶感逃离争吵的人。

# 1月24日

## 人生的使命

人类将走向何处？这是人无法知道的事情。但人却可以获得最高智慧，知道自己应走向何处，即知道自己应面对着神朝着至高无上的完善境界迈步。

通向真正的生活之道路是很窄的，因此只有少数的人能发现它，因为大多数的人都追随众人所走过的宽阔之路，但真正的道路是狭窄的，它的宽度仅够一个人通过。如果想发现这条路，绝不能人云亦云，大家怎么走就怎么走，而是应该追随佛陀、孔子、苏格拉底、基督等人所走的路进行；他们都是一个人为自己也为我们全体去开拓那一条窄路，只有这些孤独的人才是我们真正要跟随的人。

——露西·马洛丽

说来人只不过分为三类：第一类是发现了神并为神效力的

人，他们是又聪明又幸福的人。第二类是未能发现神，亦不探求神的人，这些人既不聪明又不幸。第三类是未能发现神，但热心探求神的人，这些人也许聪明却仍然不幸。

——巴斯噶

任何时候开始探求真理也就开始了真正的生活；停止探求真理也就停止了真正的生活。

——罗斯金

从“最后的完美境界”（即“神的境界”）来看一切事物，让自己努力迈向那境界，每天生活在感谢、和谐、亲切与勇气之中——古代贤者如苏格拉底、艾皮科蒂塔斯、奥勒留等人早有过这种惊人的见解。但有些基督教徒却否认通向神的睿智。虽然如此，我却认为在活着的期间由这一份睿智见到神的王国是要比主张只有在坟墓的彼方才可能有神的王国更为难得。

——爱弥尔

重要的不是我们所占据的这个地方，而是我们在不断前进的那个方向。

——霍姆斯

※

不应该由世俗之人的共同目的来决定你的行为，而应该由你的以及所有人与生俱来的共同使命来决定。

# 1月25日

## 虚伪的知识

不是必要的知识对人往往是有害的。

苏格拉底不断对他的弟子说，接受正规教育的时候，无论任何学问都只要到达某一个必要的限度即可。“以几何学的情况来说，”他说道，“只要能利用它来正确测量买卖土地的面积，或用以分配遗产，或分配劳动者的工作等就足够了。如果只是这样，那实在是很简单的事。即使需要测量地球的宽度应该也不会太费力。”但他并不赞同去埋头钻研几何学上的困难问题。他还说，即便一个人对这门学问知道得很多，但因为这种在实际上并没什么需要的学问占据了他全部的时间，他也就自然而然和其他种种有益的学问疏远了。

关于天文学，他也只要求从天空的种种现象来了解夜有多长，或日、月、季节的情形，或如何不致迷路，或确定航海路线，或适时换岗等。他附带地说："这门学问是非常简单的，任何一个猎人或航海者或随便什么人只要他想知道一点关于这方面的事，他都可以学到。"但是更深一层去研究天体上的种种轨道，计算星座或每个星球的大小，或与地球的距离，或探究它们的运行与变化，则是他所斥责的，因为他看不出这样做有什么实际上的利益。他对这类研究予以很低的评价。但这并不是由他自己的无知而来，相反的，正是由于他本身对此等学问曾经深刻研究过，他才发现他不愿意为这些多余的事情浪费时间和精力，而这些时间和精力本来可以用在人生最重要的事情上的。

——佚名

搜罗各种知识的学者是可悲的人；自负的哲学家、贪得无厌的研究者都是可悲的人。这些愚蠢的"财主"每天忙着开自己知识的飨宴；这些学者彼此都吃了一肚子没用的东西，因为那种空洞的知识与内在的完成或人类整体的改善是无关的。

——费奈隆

无知是可怕的，但错误的知识更可怕。让你的眼睛从虚幻的世界移开。不要信赖自己的感情，感情有时候是会欺骗自己的。去你自己心中去探求内在的永恒的人性吧！

——佛陀

既有学问又爱神的人像什么呢？像手上拥有工具的名匠。虽有学问但不爱神的人，像手上没有工具的工人。爱神却没有学问的人，则像带有工具却不知怎么工作的人。

——《犹太法典》

如果从事实验科学只是为了它本身的目的，并无哲学精神来引导，那么它就好像没有眼睛的脸一样。做这种事的往往都是些没有太高天分的庸才；天分高的人是不会去做细节上的研究的。这种半吊子的人只为一个科学的小小领域倾注自己全部的能力和知识。这些人就在对其他领域一无所知的条件下获得了对那一个小小领域的充分知识。这些人可以比拟钟表工厂的工人，他们有的只管齿轮的制造，有的只管弹簧，有的只管表链。他们也类似交响乐团里边各自只会自己那一种乐器的团员。

——佚名

只靠头脑的活动是空洞的。

有两个人走到一个庭院来。其中一个是有学问的人，另一个是信神的人。有学问的人立刻计算起树木的价值、数着果子的数目并为整个庭园标价。信神的人则立刻去认识主人，并且走到一棵树旁摘起果子吃了个饱。

善加利用果子吧。评价果子、查看叶子或做其他种种计算，是不能填饱肚子的。对一切即使不以头脑来计算衡量，但只要能过一种真正的宗教生活，最高的幸福就能把你填得满满的。

——婆罗门教的故事

与其学习很多对你没什么用的东西，不如去了解一些有智慧的东西，也就是去了解一些人生之道。人生之道将引导你远离恶，走向善。相反的，无益的种种学问上的知识则让你心存傲慢，妨碍你对人生之道的领悟。

——佚名

※

一知半解或误解，不如什么都不懂。如果有人认为天空是固体，神就端坐在那儿，他还不如对天空一无所知。

# 1月 26日

## 谈富有者

经常迫害邻人的有钱者绝无慈悲可言。但如果把他原有的慈悲心给释放出来，他会立即结束有钱人的生活。

在大家正在谈笑中享受一顿丰餐的时候，如果对于路过行人的悲泣不但不注意听，反而骂他们是骗子，想想还有比这更过分的事吗？若果真有人为了一片面包而骗人，你也应该可怜他，立刻把他从缺乏的状态中拯救出来。如果你什么都不想给他，至少你不能侮辱他。

先去除贪欲，然后才去行善。先放弃高利与贿赂之获取再谈慈善。假如我们用同一双手脱光某一个人的衣服穿到另一个人的身上，这种慈善将成为罪恶的原因，这样的慈善不如没有。

——琐罗亚斯德

有钱人的住宅，三个人就有十五个房间，但穷人想进去取个暖借宿一夜都办不到。

而农家虽然一个小小茅屋里住了七个人，他们却诚恳接待陌生的旅客。

——佚名

我们爱种种事物往往因为它们是未完成的。因为事物的未完成而使得努力成为人类生活的原则，使得慈善成为人类正义的原则，这是神预先安排的。

如同睿智的第一原则是在认识自己本身（虽然这是无比困难的），慈善的第一原则是在自足（这也是无比困难的）。只有自足而又虚怀若谷的人才能真正对别人表示慈善。

——罗斯金

※

我们无法相信利欲熏心的人同时也是慈悲为怀的人。

# 1月 27日

## 爱与幸福

对众生的爱将带来真正的、难以动摇的、内在的幸福，因为这样的爱将使自己与别人也与神合而为一。

一个人除了自己本身之外，没有人会妨碍他的精神发展；即使一个人身体衰弱，或没有什么特别的学问，对其精神上的发展亦无妨。因为这些事情将被精神中增加的爱所克服。如果它们对某个人造成妨碍，那完全是因为他缺乏爱心所致。

——露西·马洛丽

有高度智慧的人并不是因为会对自己有什么利益才去爱，而是因为要在爱之中体会幸福才去爱的。

——巴斯噶

不必为已经过去的事懊悔，懊悔有什么用呢？虚伪说：“悲叹吧！”真实说：“只管爱就是了！”避免回忆吧，过去的事别再提了。活在爱的世界！让其他的一切都成为过去。

——波斯格言

大家请教圣贤：“学问是什么？”他说：“就是去了解人。”大家又问：“那么道德是什么？”他说：“就是去爱人。”

——中国金言

我们总抓不住幸福。人渴望得到的尘世幸福越大，它越不容易实现。履行义务仍然无法带给我们幸福，任务的完成得到的是心里的和平，而不是尘世里的幸福。

只有神圣的爱以及与神的合一能给我们真正的幸福。因为如果牺牲变成一种喜悦——一种恒久的、不断成长的、不可破灭的喜悦，心灵的满足就可以得到保证。

——佚名

爱吧！爱那些带给你痛苦的人，爱你所指责并憎恨的人，爱那些把内心隐藏起来的人……爱所有的人吧！若能如此，你将水清见底一般看到对方生命中存在的爱和光，你也将感到一种全新的、值得惊叹的喜悦之情。这时候你已经没有宽恕对方的必要，也没有要被宽恕的理由；必须得到宽恕的不是别人，正是你自己；因为你曾经忽略对方心中闪耀的光；因为你不爱，于是你看不到那最神圣的东西。

——佚名

我意识到自己内心有一股要改造世界的力量；这股力量虽不推波也不逐浪，但我可以感觉到它在慢慢地、不可抗拒地一直牵引着我。我也发现每个人的内心都有某种东西吸引着自己，同时吸引着别人；我们就在这样互相吸引之间意识到彼此的结合。当你在磁场中心的时候，你也会成为磁铁的；我们意识到自己的使命和力量的程度越大，新的世界就越有可能形成；我们也将因而成为直接从神那儿不断接受神的法则之立法者，而人所制定的法则便在我们面前枯萎。

于是我向自己内心的那股力量问道："你是谁啊？"

我得到的回答是："我是爱；是天的主宰，也想成为地的主宰；我是天国中最强烈的力量；而且我是为建立未来世界而来的。"

——库罗斯比

※

真正的爱给人的勇气、和平、喜悦是非常大的；因此一旦我们认识了爱的内在幸福，就不会再在乎世俗的爱所给予的外在幸福。

# 1月28日

## 服从内在法则

假如我们想认识、想了解给予我们自由的那个法则，我们必须从肉体的生活飞跃到精神（灵性）的生活。

差我来到世界的那一位是真实的；我在他那里所听见的，我都将传给世人。

他们不明白耶稣是指着天父说的。

于是耶稣说："你们举起人子以后，必知道我是基督，并且知道我没有一件事是凭着自己做的；我说这些话乃是照着天父所教训我的说的。"

——《约翰福音》8：26～28

基督是个真正的预言者。他看到了人类心灵中的秘密，也看到了人类的伟大；他相信存在于你心中也存在于我心中的那个东西，他看到了化身为人类的神。而且在崇高伟大的大欢喜状态中，他说："我是神之子，神通过我而行动，而说话。如果你想看到神，就像我现在一样地思考和感觉吧！当你也那么思考、那么感觉的时候，再看看你自己！"

基督了解存在于每个人心中的绝对法则，他没有让这个法则从属于其他任何东西，他就在神本身上看到了这一个法则。

——爱默生

"我和神是一体的，"耶稣说，"但是，如果你们拿我的肉体来想象神的形象，那就错了。如果把我特殊的有异于其他存在的非肉体的东西当作神，也是错的。只有当你们领悟到我内在那真正的我，那与神真正成为一体的，在每个人心灵深处都可以发现的那唯一的东西时，你们才能免去错误。而要悟出这样一个'我'，只有一个方法，那就是在你们各自内心中去发现自己的'我'；换一句话说，你们必须在自己内心把'人'提升，把'人'提升了之后，你们就会发现你们与别人之间并无任何差别存在的。深深沉潜于你的本性吧，那样你将遇到神并与神合而为一。"

"我们每个人看起来似乎都是和别人不同的特殊的存在，但这只是表面上看起来如此，就像苹果树上的一朵朵花看起来都是个别存在一样。每一朵花确实是个别开放，可是它们全部属于同一棵树，追根究底，它们都是来自同一颗种子。"

——斯特拉霍夫

我们活在世上的短短期间都必须遵从永恒的人生法则。

——梭罗

基督精神表现了人类精神的本质。

对于基督精神，人往往是在它久被遗忘突然被唤醒的情况下来接受的。怀有基督精神的人眼前将展现一个遵从合理法则的喜悦世界，而得以往高处飞跃。真正了解基督精神的人所体验的感情，就和一个人久久被关在幽暗的令人窒息的塔中，突然爬到塔顶看到以前从未见过的美丽世界时所体验到的感情一样。

——佚名

※

服从人为法则的意识让人成为奴隶。但服从神之法则的意识使人自由。

# 1月29日

## 睿　智

我们不能认为睿智只是某些特殊人物所具备的能力。睿智是所有的人所不可缺少的东西，因此所有的人都可能获得它。

认识自己的使命并懂得完成这个使命的方法——睿智就在其中。

人的价值并不是由他所拥有的真理来衡量，而是由他发现这个真理的过程所投的心力和所尝的困难来衡量。

——莱辛

人生就是学校。在此，失败是比成功更为优秀的老师。

——格拉那基

若想认识自己，别忘记观察别人以及别人之所为。

若想认识别人，别忘记回头看看自己的心。

——席勒

所谓了解事物指的就是先进入事物之中然后再从里边走出来；因此需要的是被囚之后的挣脱，痴迷之后的觉醒，热情之后的冷静。还陷在里面的人，和从来没有掉进去过的人一样都不算真正了解事物。我们充分了解的事物一定是我们先相信过，而后彻底思考过，并足以对它做一番批判的事物。要了解事物，非得成为自由的人不可。但在自由之前又非得先被那事物囚住不可。

从世界史来判断现代，从地质学来判断历史，从天文学来判断地质学，都是人类自由思想的活动；也由于这种自由思想，我们有时感觉自己极微小，有时又感觉自己极伟大；我们既观察到了小宇宙，也观察到了大宇宙。

——爱弥尔

我们不是别的什么东西，我们不过是在反映智慧之光；一切睿智、一切美善就存在于我们心中，我们平常所称的“人”——吃、喝、坐并盘算着的存在物——并不表示真正意义的人，那表示的只是虚假的（表象的）人。真正的人是指内在的精神（心灵），人之尊贵完全在于其精神。精神通过人的智慧表现出来，便是天才；通过意志表现出来，便是德性；通过感情表现出来，便是爱。

有个谚语说："神不按门铃就进来了。"这表示我们与永恒之间并没有篱笆，也没有围墙；人（结果）与神（原因）之间并没有墙壁，人与神是相通的。

——爱默生

精神本身就是自己的审判者，同时也是自己的避难所。不要伤害自己内心世界这位至高的审判者。

——佚名

※

任何境遇、任何工作多多少少都能让你发现睿智。

# 1月 30日

## 谈土地

土地不应该是一种私有物。

当有人问苏格拉底他是哪里人的时候，他说："我是世界的居民。"他认为自己是属于这个宇宙的。

——西塞罗

如果我们所居住的整个大地都变成地主的私有物，而且大家也都认为只有他们才有对土地的权利，那么不是地主的人就没有对土地的权利了。因而，他们也就只有在得到地主同意的条件下才能存在于地球上了；只有在地主的允许下，他们才能获得双脚所踏地方的权利了。这么说，如果地主不愿意给他们地方，他们岂不是要飞出地球以外了？

——斯宾塞

土地的私有如同奴隶的私有，从本质上说，与凭着劳力制造出来的物品之私有是不同的。

假如你向一个人或民众抢夺金银、财宝或家畜，这样的抢夺将随着你的离去而终止。当时过境迁，你的罪恶虽不能变成善事，但罪恶的结果毕竟会消失。

但如果你向民众夺取土地，这样的夺取可能会永远继续下去：日复一日，年复一年，新的时代进行新的掠夺。

——亨利·乔治

假设我们占据某个岛屿，靠我们双手的劳动生活着。有一天一个渔夫因船只失事被冲到岸上来，这时候他该有什么样的权利呢？——“我也是人，我也有耕作田地的自然权利，我也可以像你们一样占据一部分土地在这上面自食其力的！”——他是否可以这么说呢？

——拉威雷

有人说土地可以作为某人的私有财产，这种野蛮而奇怪的说法是人类不幸的最大原因；这和奴隶制度一样，既背义又残酷。

——纽曼

只要还有一个人未具备对土地的权利，那么我、你以及其他任何人对土地的权利都是不当的。

——爱默生

大地是我们大家的母亲。她养育我们，供我们居住，让我们快乐，并温暖我们。从生下来的那一刻起，我们就落在她的胸怀里。当我们为追求永恒之梦而惶惶不安的时候，她总是不断以温柔的拥抱抚慰我们。我们与大地的结合是多么根深蒂固！

虽然如此，人家却为土地的买卖而喋喋不休，而且实际上，在我们这个买卖的时代，土地变成了商定价格或买卖的市场。但是由老天的意志创造的大地竟被拿来买卖，简直无法无天。换言之，大地应该只属于万能的神，以及在大地之上勤劳工作的人。大地并非某一种族或某一时代所私有的，而是过去、现在、未来一切在上面勤劳工作的种族所共有的。

——卡莱尔

※

任何人都不能具有土地的所有权。

# 1月 31日

## 神与人的关系

最专制、最暴虐的事莫过于由某几个特定人物制定宗教上的法则来强使别人信仰、接受，绝不许人有任何意见、任何批评。

如果是真理，那么让所有的人——包括穷人、富人、男人、女人、小孩都相信它吧。如果不是真理，那么让所有的人都远离它，真理是必须从屋顶上被大声传出去的。

不断有人私语；对所有的人公开某种事情是危险的；他们说："虽然我们知道那是不真实的，但那对民众却非常有益；为了动摇民众的信仰，欺骗他们又有何不可？……"

但邪道永远是邪道，即使只是欺骗民众仍然是邪道。我们所知道的正确道路只有一条，即对真理的追求。只有这一条道路是我们可以相信的。

——克利福德

“怎么样，我们说得没错吧？瞒着民众是必要的。看吧！那样低级野蛮的群众！”

——不，低级野蛮的是那些残酷的欺骗者。先让自己是个具有真性情的人吧，并以这个真性情去把大众引向合乎人性的境地。

——歌德

真是叫人费解，无论在任何时代那些为恶者都是尽其所能在低劣行为外面戴上为宗教、道德或爱国心效力的假面具。

——海涅

你们要防备文士：他们好穿长衣游行，喜爱人们在街市上问他们安，又喜爱会堂里的高位，筵席上的首座；他们侵吞寡妇的家产，假意做很长的祷告；这些人要受更重的刑罚。

——《路加福音》20：46～47

※

基督告诉世人，神与人之间是不要中间人的，所有的人都是神之子。父与子之间还需要什么中间人呢？

# 2
# 月

February

# 2月1日

## 精神与物质

任何理由都不能将精神归于物质，况且我们也无法说明精神来自物质。

人对精神和肉体持有种种的看法；人往往把精神和肉体都当成自我。青春期肉体占的分量很大，因为它不断困扰一个人。但我们应该知道人的本质是在精神之中，因此我们最该重视和思虑的是精神而非肉体；我们最好能习惯于这样的生活态度；常常记得生命的源头是在于精神。我们必须提高警觉，别让精神受到外界的污染，也别让肉体凌驾于精神之上。我们应该让肉体服从于精神，这样我们才有可能完成我们的使命，过愉快的生活。

——奥勒留

一切问题都包括在“人是否相信精神的存在”这件事情上面。从人与精神的关系可以把人分为生者和死者，也就是可以把人分为信者与不信者两种。

不信的人说：“哪有什么精神呢？……在这里吃喝玩乐的，不就是我吗？”这样的人并不做更深一层的思考，他们所关心的是外在的东西，而终致走向纵欲、欺骗、虚伪、傲慢、奴性，他们并不想去追求内在里像自由、真理、爱这类更高的东西。这些人已经从睿智的世界死去了，也就是说他们虽生犹死，即使世界有光，那光也只是让生者生，让死者干涸腐朽了。

相信有精神生活存在的人把自己的注意力投向内在，努力于探索自己的感情或自己的思想，激励自己让生活合乎最高的要求；也就是努力让自己的生活充满自由、真诚与爱，努力从行为上让自己的精神与最合乎善之目的的思想与感情相结合。这样的人会不断追求真理，被引向光明处，因为精神生活不能没有理性之光，就如同世界不能没有太阳。

一般来说，并没有完全在黑暗里和完全在光明里的人；所有的人都走在险恶的路上；有时站在歧路口，有时摸索着走。但相信有精神存在并活在理性之光照耀下的人却已身临神的国度，且具有永恒的人生了。

——布加

科学家、哲学家想研究偶然性或宿命或物体不可缺少的运动等，都让他们去研究吧！无论他们怎么说，我却只承认宇宙间唯一的、绝对的意志——是它令我认识那唯一的根源。如果学者们对我说荷马的《伊利亚特》是由许多铅字偶然排在一起形成的，我会毫不犹豫地对他们说绝无此事；我不相信是如此的，虽然除了不相信的理由之外我没有其他理由，但那绝不是真的。

他们或许会说："你说的全是偏见！"可是我会回答："是偏见也罢，但以你们不正确的知识和不清楚的判断，又如何来反对我的'偏见'呢？那个'偏见'是否比你们的知识更具有说服人的力量呢？"他们还会莫名其妙地说："精神与肉体绝不可能有两个根源。"但我想说："我的思想与树木之间并没有任何共同之处。"最奇怪的是，学者们一方面任意制造诡辩，一方面在从人的内在去认识精神之前便先把精神献给石头了。

——卢梭

狗是否有选择、记忆、爱、恐惧、想象、思考等能力我是不清楚的，但如果有人跟我说，在狗体内的东西既不是情欲亦非感情，那只是物质各部分结合形成的有机体组织进行着自然而不可避免的活动，这样的见解我是可以同意的。但是我会思想，而且知道自己在思想。而会思想的东西与物质（即由方向、长度、宽度的不同以区别的空间）各部分结合形成的东西之间究竟能有怎么样的共同点呢？

假如一切东西都属于物质，假如在我内部的思想和在别人内部的思想一样都只是由一些微小物质组合形成，那么究竟是谁在世界上产生了某种有关非物质的思想？是否在物质的底层具有“精神”这种纯粹而真实的非物质的东西？何以物质会在人的内部思想呢？而人又为什么尽量要相信自己是非物质的呢？

——拉布吕耶尔

形而上学确实是存在的。尽管它和科学是不一样的东西，但至少它的存在是人生的一种自然倾向。因为人的理性是以不可遏止之势不断向前发展，已超乎仅仅想知道得更多的空洞欲望，进而感觉到有一种对特殊事物的要求，最后到达的是超乎实验科学或由它产生的任何理论所能解决的大问题。

如此扩展到推理的、思想的理性范围，也就是形而上学存在的境界，对到达此境界的人而言，它以后仍然继续存在。

——康德

※

要区别精神的和物质的东西，对单纯的儿童智慧或最深刻的圣贤智慧而言，都同样浅显易解。有关精神和物质两者的争论是没有任何益处的；那种争论并不能说明什么，只是把原来明明白白毫无疑问的东西变得更艰深难解了。

# 2月2日

## 谈死亡

把死置诸脑后的生活，和时时刻刻意识到人都在一步步走向死亡的生活，是两种全然不同的状态。

在我们的生活从肉体领域走向精神领域的过程中，确实会产生对死的恐惧。但终能完全过精神生活的人却不再有这种恐惧。

——佚名

当你相信并了解脱掉自己外衣的时刻（即死亡的时刻）随时都可能来到，守正义、走正道、听天命这些事情都会变得比较容易：这时候你对别人的谈论、批评、试探都可以泰然处之，根本不会把它当一回事的；一般人所热衷的事物对你而言已是那么的微不足道。

确确实实去完成今日所给予你的工作吧！把今日自己的担

子毫无怨尤地肩负起来吧！这样人将走进内在世界，因为他的愿望将纯化为一，这个愿望就是“尽人事听天命”。

——奥勒留

要常常想到死，就以一个知道自己不久就要死的存在者而活着。

无论你为了该如何行动困惑到什么程度，只要你想到也许自己今晚就会死，那些困惑便能立刻获得解决。义务是什么。个人的愿望是什么？这些问题立刻都会变得非常明白。

——佚名

也许有时你会对别人感到嫉妒、愤慨，或是想报复，可是一旦你想到那个人也许明天就会死，你对他的一切恶感都会消失得无影无踪。

——佚名

没有比这件事更真确的了：死亡已逼近的想法，使我们的一切行为以它们对我们生活的真正重要性来区别。不久就要被处死刑的人就不再为让自己更伟大，或保存自己的财产，或博得别人的好评，或征服其他国家，或发现新的星球等事情伤脑筋了。在被处刑的前一刻，他们会尽力去安慰悲苦的人，或扶起跌跤的老人，并为他包扎伤口，或为小孩子修理玩具等。

——佚名

我喜欢自己的庭院，喜欢读书，喜欢抚爱自己的孩子。死了，这一切也要被剥夺。因此，我不想死；因此，我害怕死。

有时候我全部的生活是由这种一时性的、世俗的欲望及其满足而形成。所以对于那要来斩断这种欲望的东西，我怎能不心怀恐惧呢？但是如果这些欲望及其满足在我内心起了变化，转换成另一种希望——以我现在的样子以及将来可能有的样子来尽天职的希望，那么随着这种希望的增加，死对我就不再那么恐怖，死的阴影将逐渐消失。如果我的欲望全然改变，则对我而言，除了生之外便不再有别的东西存在，也就是不再有死的存在。

把一时性的、世俗性的东西转换成永恒的东西——这是人生之道。因此这是人非走不可的路。但该怎么走呢？——这是每个人心中所需明白的事。

——佚名

※

只是徒然不假思索地想起死是不必要的。重要的是正视它；认识并接受死在一步步接近我们的事实，却又能平安、喜悦地活下去。

# 2月3日

## 行 善

善之于心灵就如同健康之于肉体；当我们拥有它们的时候，它们是不明显的。

德高的人不认为自己有德，却反而能成为有德性的人；没有真德的人总不忘自己的德，所以无法获得真德。德高的人绝不夸示自己，品低的人则反之。

真正有善心的人虽然有实际的善行，但不刻意表现善行；没有真正善心的人则非常自信且刻意表现自己。

真正具有正义的人虽然只做他该做的，必要时候也会表现自己，但不刻意去表现。并非真正具有正义的人却总是刻意表现自己的所作所为。

真正有礼仪的人制定法则来身体力行；并非真正有礼仪的人若他的所作所为得不到响应，便伸出手来强迫别人实行他的法则。

因此是在失去上德之后才出现善心，失去善心之后才出现正义，失去正义之后才出现礼仪。

礼仪的法则只是虚饰的东西，是一切混乱的开始。

知识虽是理智之花，却是愚昧的开始。所以圣人把握的是果实而不是花；他们舍弃虚浮的礼，而把握最初的道。

（原文：上德不德，是以有德；下德不失德，是以无德。上德无为而无以为；下德无为而有以为。上仁为之而无以为；上义为之而有以为。上礼为之而莫之应，则攘臂而扔之。故失道而后失德，失德而后仁，失仁而后义，失义而后礼。夫礼者，忠信之薄，而乱之首。前识者，道之华，而愚之始。是以大丈夫处其厚，不居其薄，处其实，不居其华。故去彼取此。）

——老子

我们内心所拥有的德性具有如同宝石一般的特性：无论发生什么事，它都永远保持本身的天然之美。

——奥勒留

我们必须互相帮助，过真正幸福的生活，也就是说，老天一定愿意看到我们每个人都带着对生命的欢喜彼此合作，而不愿意看到我们全都陷在悲哀的阴影里。

——罗斯金

如同植物的幸福在于光，也如同无所隐遁的植物绝不会去问自己是要往哪个方向生长，也不会问除了这个光是否还有别的更好的光在等着自己，而只接受这世界上唯一的光，并完全为它所吸引——否定个人小小幸福的人也不会发出我应该去爱谁的问题，也不会去问我是否应该爱目前所爱的人，或除了目前的爱是否还有更好的爱这样的问题，而只是把自己给予自己所能把握的、存在于自己眼前的爱。

——佚名

除了把自己的心对着朋友敞开之外没有什么别的爱了。爱——只有在自我牺牲的情况下才算是爱，当我们忘掉自己，而与自己所爱者的生活融合在一起的时候——是的，只有在这种时候，爱才可能是真正的爱，而且也只有在这种爱之中我们才能发现作为爱之报酬的幸福。只因人类心中存在这样的爱，这世界才有存在的价值。

——佚名

※

没有比养成行善的习惯更能美化人生的了。

# 2月4日

## 谈理性

只有在真理之中，人才是自由的。而真理的门是因理性而打开的。

我们必须记得，有理性的人其特质是在自由地顺从自己的命运，而不是在与命运作可耻的抗衡（这是其他动物的特性）。

——奥勒留

不知道眼睛有看东西的能力，而从来没有把眼睛睁开的人实在是太可悲了。同样的，因从来不了解自己而未能以理性、泰然接受一切不幸和艰难的人更是可悲。

顺从理性活着的人，一切艰难不幸都会变得容易接受，因为理性让人晓得一切艰难不幸不久都会成为过去，甚至往往转变为善。虽然如此，大家还是不肯正视不幸，还是尽量在回避它。其实我们倒是应该高兴神赋予我们在遭遇不幸时有泰然处之的力量，而且对于神让我们的心从属于我们所能左右的东西——我们的理性——我们不是应该感谢神吗？

在街上丢些胡桃或饼干试试看，小孩子们一定会立刻跑过来捡，到后来可能抢来抢去而扭打成一团。但大人一定不会为这样的事情打架，如果只是胡桃的空壳，即使是小孩子也不会想去捡的。

在理性方面觉醒的人，金钱、地位、名誉等对他而言就等于哄骗小孩子的饼干或胡桃的空壳。当然假如偶然有胡桃果掉到他们手上，他们也未必不吃它，但是他们绝对不会为了这种微不足道的东西而卑躬屈膝，或彼此争夺的。

——艾皮科蒂塔斯

只有理性的宝库是实在的、丰满的；越是跟人分享，它越能增加。为了得到这样的宝库，是非努力不可的。

——德摩菲尔

※

当我们远离理性的要求时，自由也跟着消失，而完全受到自己的情欲或别人的束缚。真正的自由只能靠理性来完成。

# 2月5日

## 谈思想

个人生活以及社会生活所完成的一切事情都有其思想根据的。因此对一件事情的说明，并不是从发生在它之前的事情中去寻求，而是要从自己在它之前的思想中去寻求。

哪些事情无须考虑，与哪些事情需要考虑是同等重要的。

——佚名

我们的生活是我们的思想之结果，也就是说我们的生活是由我们的思想而产生。假如一个人的言行出自邪恶的思想，苦恼便不断跟随着他，如同牛车随时跟在牛身后一样。

我们的生活是我们的思想之结果，我们心中怎样想便会产生怎样的生活。假如一个人的言行出自善良的思想，喜悦便如同影子般随时跟在他身后。

——佛陀

我们习惯性的思想在我们脑子里给予我们所接触的一切事物一层特别的装饰，这是一种虚伪的思想——这将扭曲自然中所存在的最高真理。

由我们习惯性的思想所制造出来的周围气氛，对我们每个人都形成了某种比我们所居住的房子更坚硬的东西；那也可以说就如同蜗牛随时随地带着走的壳一样。

我们的思想将随着其善念或恶念而把我们带到极乐世界或地狱；极乐世界或地狱并不在天上或地下，而是在此处，就在我们现在的生活里。

——露西·马洛丽

※

如果想改变已经在自己或别人内心所形成的生活步调，必须抗衡的并不是种种事件，而是产生那些事件的思想。

# 2月6日

## 征服欲望

把我们抓得最紧的欲望是情欲。这方面的欲望绝对没有满足的时候，人越是满足它，它越是加强。

让我们来看看奴隶如何渴望过有意义的生活吧。首先，他希望从束缚中被解放，他认为不这样的话自由与幸福都无法得到。他会说："只要我获得自由，我便立刻成为一个非常幸福的人；我无须再奉承主人或服侍主人，从此我和主人可以站在平等的地位谈话；我不必得到主人的允许就可以随便到任何地方去。"

但是无论挣脱了束缚与否，他立刻会去寻找另一个可供他吃住的人，因为原来的主人已经不再养他；为了寻找那样一个人，他做尽了卑鄙的事，于是又掉进比以前更痛苦的奴隶生活。

而这种人一旦有了钱，会立刻找上放荡的女人，最后把自己弄得苦不堪言。当他陷于窘境的时候，会想起以前的奴隶生活，并说：

“服侍那个主人的时候并不错啊！我不用操什么心就有得吃有得穿，生病的时候还有人照顾呢，工作也很轻松。但是现在变得多么不幸啊！以前我的主人只有一个，而现在我的主人何其多！为了过更富裕、更满足的生活，我到底要去奉承多少个主人呢？”

但这并不表示一个奴隶已经有所悟。为了满足欲望，过自己满意的生活，他忍受一切困难。可是想要的东西一旦获得，他立刻又感觉自己只不过是漂浮在种种不愉快和不安之中。

无论如何他是缺少智慧的。他又想：如果我能成为伟大的将军，我所有的不幸都会成为过去，我将成为世界的宠儿，受到无比的赞赏。

于是他入伍了。从头接受各种磨炼，像囚犯一样受苦；他再三要求上阵，日子一天比一天不好过。

如果想摆脱自己的不幸或灾难，非要好好内省一番不可，也就是必须了解人生的真正幸福是什么。生活的每一步必须遵从存在于每个人心灵中的真理与善的法则，这样个人才可能获得真正的自由和真正的幸福。

——艾皮科蒂塔斯

无知者的情欲会如同爬藤般不断蔓延下去；他就像寻找果实的猿猴飞跳于森林中的树木间，从一种生活徘徊到另一种生活。

被这种低劣情欲所俘的人，或者说被这种充满毒害的情欲所俘的人，他的周围缠绕着各种烦恼，如同爬藤之层层缠绕。

反之，克服了这种强烈欲望的人，一切烦恼都会如同雨滴从莲叶上滚落一般，从他身边消失。

——佛陀

人只有超越情欲，在和平之中才有可能产生美好的事情。

——佚名

为自己欲望的强烈而自豪的人很多，但为自己拥有克服欲望的力量而自豪的人却很少。

——佚名

※

你们最好能回想一下有多少以前热烈追求过的东西，现在你即使对它们不至于到厌恶的程度，至少也感到相当轻蔑吧。而目前你们所渴望的东西到将来也会有同样结果的。

你们最好也能回想一下，过去为了努力去满足自己的种种欲望，曾经失去多少东西啊！现在如此，将来亦复如此。你们最好能抑制欲望，这往往是最有益也是最重要的事。

# 2月7日

## 改善自己

自我完善是内在世界的事，同时也是外在世界的事；一个人不跟别人交往，不考虑别人对自己的影响以及自己对别人的影响，是无法完善他自己的。

有三种诱惑让人受苦：肉欲、傲慢与利欲。其结果带来了人类的种种不幸与灾祸。如果没有这三种诱惑，所有的人应该都能幸福生活。究竟如何才能避免这些可怕的“疾病”呢？要避免这些可怕的疾病是困难的，因为病根存在于我们的天性里。避免它们的方法只有一个：每个人对自己本身的修炼。我们是无法借助于法律的。因为法律大部分也只是为了制定法律的人本身的利益而写成的；他们和一般人一样，也是为了那三种诱惑而苦恼着；因此我们是不能期待法律的。而如果有一种善良的、神圣的法则存在，则这种法则一定是凭着良心制定的。

因此，为了自己的幸福，每个人唯一能做的事情就是要把自己的肉欲、傲慢、利欲连根拔起。当自己心中还有这些东西的时候，我们又如何能希望别人心中没有它们呢？只要这些恶根还存在于每个人心里，一定会结出一切可悲且充满毒害的种子——如暴君、奴隶、利己主义、残酷或其他种种不幸和淫乱。假如每个人不从对自己的改善做起，则其他任何改善都是不可能的。

当大部分的人都能自我改善，进而达到安贫乐道的境界时，这些人就能聚集在一起形成一个真正的社会。这个社会又能继续招来更多这样的人，等到他们的人数超过了为肉欲、傲慢、利欲所征服的人，力量便归于他们手中，这时候才能建立起与神的永恒法则一致的世界。

——拉梅内

学习拔除因无知而来的顽劣，任何时候都不嫌晚。

——佚名

无论我的教育程度多低，我照样能走上智慧的道路。我唯一担心的事情是傲慢自负。至高智慧是非常单纯的，但是大家并不喜欢直直的道路，而喜欢曲折的道路。

——佚名

上自皇帝下至普通百姓，所有的人首先需要注意的是自己德性上的完成，因为这是大家共同的幸福之根源。最根本的东西没有做好，又如何完成最后的东西呢？

（原文：自天子以至于庶人，一是皆以修身为本。其本乱而末治者，否矣。）

——孔子

像射箭的人把箭直直放到弓上一样，圣人也想把自己未成熟的、摇摆不定的、执着的思想摆到一个正确的位置上来。

——佚名

我们一面受到外界的人加给我们的恶所骚扰（这是我们无法排除的恶），另一方面却也不与自己本身的恶相抗衡，尽管我们随时都可以借自己的力量来克服它——这不是很奇怪的现象吗？

——奥勒留

假如我们把花在试图改变现行社会制度、研究如何制定正确的财富分配法上的时间和精力用在自我完善的事情上，则我们的国家、社会、道德诸领域很快便能达到更好的状态。假如人类学会如何正确地思考，我们的世界就会变得和目前的不幸同等程度的幸福。虽然如此，大家对于真正能让我们获得自由的真理却不太想去了解，因为大家已经完全熟悉另一套有关国家和宗教上的错误“真理”。

——露西·马洛丽

最寻常的、无意识的、有时候却是有意识的自我欺骗——也就是妨碍自己为达成自我完善而集中力量的自我欺骗，乃成立于如下的想法中：认为绝对性的自我完善是没有可能达成的，因此为它所做的一切努力都是白费。

其实完善的目的并不在于完成的状态之达成——这是不可能做到的。完善只是一种理想，只是一种路标。为完善而努力的目的在于将自己的精神状态由恶转化为善，因此为自我完善而努力是全人类共同的使命，而且这是每个人随时随地都可以做的事。

——佚名

※

没有比集中力量于满足自己的物欲或肉欲更有害于自己和别人的了。反之，没有比为改善自己的精神生活所做的努力更有益于自己和别人的了。

# 2月 8日

## 勿论人之短

一般人都喜欢说人之短，即使有心不这么做，以便朋友间的交往有和乐气氛，但却很难做到。

两个人互相争吵的时候，往往两个人都不对。

——佚名

暗中骂我的人是怕我的人。当面赞赏我的人是轻视我的人。

——中国谚语

你们不要论断人，免得你们自己被论断。因为你们怎样论断人，也必怎样被论断。你们用什么量器量别人，也必被别人用什么量器量你们。为什么你看得见弟兄眼中有刺，却不想想自己眼中有梁木呢？你自己眼中有梁木，怎能对你弟兄说，

“容我去掉你眼中的刺呢”？你这假冒为善的人，应该先去掉自己眼中的梁木，然后才能看得清楚，再去掉你弟兄眼中的刺。

——《马太福音》7：115

发现别人的错误是容易的，察觉到自己的错误则很难。每个人虽然都喜欢谈论别人的过失，但对自己的过失则如同赌徒藏假骰子一般地藏了起来。

——佚名

人都有好批评人的倾向。只看得到别人的短处，从而对人的愤怒会越来越不可遏止，自己会逐渐陷于恶劣的状态。

——佛陀

不要因毁谤他人而污染自己的嘴巴；为伤害别人而说的话一定会反过来伤害自己的。所谓毁谤伤人，其实受伤的人不是被毁谤者，而是毁谤者本身。

——犹太金言

不断留意自己吧！谴责别人之前先内省自己，改善自己！

——圣贤思想

当你想说人坏话的时候，只要想想那将对你的心灵造成伤害，只要想想那将是对神的背叛，你的心灵就会平静下来。

轻率的赞赏和轻率的指责一样将造成许多危害，当然最大的危害是由恶毒的责难酝酿出来的。

——罗斯金

避免没有根据的责难或毁谤吧！如此，则从你嘴里说出来的话就可成为真理的武器。

——佚名

毁谤将同时伤害三个人：被毁谤的人，听毁谤的人，及毁谤人者，其中毁谤人者所受的伤害最大。

——佚名

※

不要再毁谤人了，去体验酗酒者戒酒或烟瘾者戒烟时的感觉吧，那是一种特别清静的感觉；把恶习连根拔起，一个人会变得非常轻松！

# 2月9日

## 战争的祸害

战争所造成的物质上的损害无论多大，都不能跟战争所造成的另一种损害相比，那就是战争导致一般肤浅大众对善恶的曲解所带来的损害。

因战争被激起的热情、各国人民间的憎恨、对军人荣誉的崇拜、对胜利与复仇的渴望——所有这一切把人民的良心给麻痹了，把他们互助合作的本能转变成低级的盲目的“爱己”，而这种爱己的心理却美其名为“爱国主义”。这一切也抹杀了人民对自由的爱，而由于想刺人咽喉的野蛮欲望以及怕别人刺自己咽喉的不安，人民自然屈服于专制者或夺权者。这一切又因为把宗教情怀大大变了质，所以连公认遵守基督教义的人也以基督的名义祝福杀人与掠夺行为，感谢领主的战果——而为了这些领主，大地充满了血腥味，无辜的人满怀悲哀。

——亨利·乔治

儿童彼此间以微笑相迎的时候，都会表现出一种愿对方高兴的温暖的喜悦之情；所有纯真的人都是如此。但人一旦作为国家的一员，对其他国家的人民，即使未曾谋面却早已对他们怀有恨意，非准备让他们受苦或置他们于死地不可。在国民之间唤起这种感情和行动的人真是大罪人啊！

——佚名

“分配！统治！”这是所有残暴者共同的金言，其中存在着他们最大的诡计。只有让人产生种族敌意、国家间的憎恨，或地域性偏见，只有让一个国家的人民起来反抗其他国家的人民，贵族与专制才有可能形成并维持下去。因此想让人民获得自由的人，必须把人民憎恶的感情提升起来，除此没有别的方法。

——佚名

※

战争是最卑劣、最腐败的一些人在彼此争权夺利的一种状态。

# 2月 10日

## 认识自己

谦逊让人有巩固的立场。在这样的境地人才能完成他所该做的事。反之，人的立场因骄傲而变得脆弱。

若想成为坚强的人，则必须像水一样；没有障碍物水便流动，有水坝水便不流，除去水坝水又开始流动。装到四方形容器它就成为四方形，装到圆形容器它就成为圆形。因为水有这种谦逊的性质，所以它比任何东西都重要，比任何东西都强。

——佚名

所谓谦逊就是认识自己罪恶之深重，就是不夸耀自己的善行。

——佚名

人把自己挖得越深越发现自己的微不足道。成为圣贤的首要课程在哪里呢？在谦逊。关于谦逊，基督和他的门徒都说了很多，但大家对它还是了解得很少。谦逊是人在试图认识自己的时候心中最先产生的感情。谦逊让人有更深一层的智慧；我们可以从了解自己的弱点中获得力量。

——柴宁

只有谦逊的人才能接受神的道理，因为神的道理像水一样，是往低处流的。

——《犹太法典》

如同水不留在高处，从不谦逊的人那儿也找不到睿智。睿智与水都是流向低处的。

——波斯金言

圣人只愁自己行善的能力不够，并不愁别人不知道或误解他的善。

——中国金言

追求学问的人在世人眼前一天比一天显耀自己，所追求的也越来越多。

求道的人则一天比一天变得谦卑，所追求的也越来越单纯，最后到达完全谦逊的境地时，没有什么事情是他做不到的。

（原文：为学日益，为道日损。损之又损，以至于无为。无为而无不为。）

——老子

虽然不太注意自己的缺点是大多数人身上共同的现象，但应该没有人对别人的短处比对自己的短处了解得更清楚的。

——沃尔斯利

又善良、又聪明者的第一个特征是，他知道自己所懂的其实非常有限，他也知道有很多比自己更聪明的人，因此他平常所想的是学习而不是教人。

只想去教导别人的人是不可能把人教导好的。

——罗斯金

※

努力去认识自己的力量吧，不必怕看出自己力量的微小，怕的是把它夸大了。

# 2月11日

## 神的法则

人生的幸福在于完成神的法则。

不幸——尤其是死与痛苦，只有在人把自己的肉体存在或动物性存在的法则当成人生的法则时才会出现。作为一个人，只有陷在物欲或肉欲的阶段，死与痛苦才以可怕的面目出现。死亡与痛苦从四面八方威胁着他，一直到他走向人生唯一的道路。这条道路指的是人遵从神的法则而以爱的形式来表现的生活。对于彻头彻尾遵从这种法则的人而言是没有死亡也没有痛苦的。

——佚名

当健康、喜悦、依恋、新鲜感、记忆力、工作能力……所有这一切都离我们而去的时候，我们该如何是好呢？当太阳冷却下来，人生似乎完全失去魅力的时候，我们该怎么办？所有希望都消失的时候又将如何呢？麻痹自己吗？或者变成化石？答案只有一个，即让自己的意志去与神的意志相融合。当你没有良心的不安，当你在自己的处境上可以感到心灵的和平时，无论发生任何事情，你都能泰然处之了。去做你该做的事，去尽你该尽的义务，剩下的交给神吧！即使没有神圣的爱，至少万有的法则是存在的吧；无论如何，义务是解开秘密的钥匙，是它在领导人前进。

——爱弥尔

义务的观念与个人的享乐并没有共同之处。义务有它本身的法则，有它本身的判断。虽然我们想把义务与个人享乐混为一谈，以为如此可以治疗内心的痛苦，但两者还是会立即分开的；当义务的观念未能转变成行为的时候，两者或许可以不分开。纵欲的生活与道德的生活是势不两立的。

——康德

※

神的法则可以从宗教的教义或未被情欲与虚伪的思想所蒙蔽的自己本身的认识而得知，同时也可以从我们试图让这个法则通用于人生的做法而得知。这个法则的所有要求是给我们真正的、牢固的幸福。

# 2月 12日

## 对永恒的信念

死正在等待着我们每一个人——没有比这更确定的事实了。虽然如此，平常大家都好像没有死这回事似的生活着。

我们的整个人生是否随着肉体的死亡而终止？这是一个无比重要的问题，但只有极少数的人会去思考这个问题。想想看，我们是否相信生命的永恒性？我们的行动是合理的还是荒唐无意义的？所有合理的行为应该是以相信生命的永恒性为基础的。

因此，我们最先要努力的就是去探究并了解人生确实有永恒不灭的东西存在，有些人一辈子都在为这件事而努力，并且真正有所领悟。

另有一些人对于永恒性抱怀疑态度，并且很严肃地为自己的怀疑受苦。这些人不惜一切、不知疲惫地探求真理，认为这是自己生命中最重要的事。

但也有人从来不去想这些事情，对自己关系重大的问题他们竟如此漠不关心，这是很让我惊奇也很让我焦急的！

——巴斯噶

如果这个世界的种种苦难是无可救药的，是结不了善果的，那么这个世界是多么的可怕！这个世界就只是为了让人类在精神上和肉体上受苦而设置的一种邪恶组织了，也只是个无法形容的不道德的世界了。因为这样的世界并不以将来的善与幸福为目的，它只是徒然无目的地行恶。其结果，只是让世人产生苦恼。这个世界的规则是狡猾的，希望是骗人的，道路是充满诡计的。

从我们生下来的那一刻，世界便打击着我们，便在我们所有幸福的杯子里掺进苦汁，死对我们又是显得那样的恐怖，因此假如没有神与不朽（永恒），大家对人生感到厌恶便是理所当然的。这种厌恶是由这个世界所存在的秩序——其实毋宁说是无秩序而产生，或更正确地说是由可怕的道德上的混乱而产生。

但只要有神与永恒存在，一切都会不一样，我们就能在恶之中看到善，在黑暗中看到光明，希望将驱走绝望。

上面两种假设究竟哪一种较可靠呢？无论如何，人是一种具有道德的存在物，人无法满足于眼前的不完善，而人也总能找到一条解决矛盾冲突的道路。假如没有神也没有对未来生活的期望，人就非得诅咒这个世界以及自己的生命不可。反之，如果神与未来的生活是存在的，那么人生本身一定是幸福的，这个世界就会是个完成道德律的世界，也是个不断增进幸福与神圣感的世界。

——伊拉思摩斯

人对自己的生命了解得越深刻，越难以相信死亡所含的破灭性。

——佚名

我们常常努力去想象死亡以及死亡之际的变化，但这和想象神的形象一样，是完全不可能的事。我们只能相信死亡也是和一切由神产生的东西一样，是属于一种“善”。

——佚名

存在于人类内心的各种感觉和领悟的根源，无论如何，一定是一种神圣的东西，因此一定也是永恒的东西。

——西塞罗

※

从未认真思考过死亡的人才不相信生命的永恒性。

# 2月13日

## 宗教是什么

宗教是让所有人都能了解的一种哲学，而哲学是在于其能证明宗教。

我们人类只有过善良的生活才能真正合乎神意。因此，若过的不是善良、纯净、谦虚、美丽的生活，而想迎合神意，那么这种情形完全是一种欺骗，是宗教上的失策，是对神的假奉献。

基督教的特征是认为道德上的善恶之别并不是如天地之别，而是如天国与地狱的区别。这种比喻当然令我们震撼，但这个特征的意义在哲学上亦是可信的；它警醒我们善与恶是不可以并存的，也不是如昼与夜在我们之间交替更换；也就是说，它告诉我们善与恶之间是隔着无法衡量的深渊。

——康德

对于抽象事物的最原始、最古老的意见往往是最确实的意见，因为健康人的智慧都能立刻触及它。

——莱辛

宗教是单纯化了的直接面对心灵的睿智。睿智是为理性所肯定的宗教。

——佚名

人从他们所称的宗教产生了训育的法则、政治、社会、经济和艺术等。

——佚名

不具备宗教的人，亦即对宇宙不抱任何态度的人，就如同不具备心脏的人，世界上是不可能有这种存在物的。虽然人可以不知道自己体内有心脏存在，但和缺少心脏一样，人缺少宗教也就无法存在。

——佚名

不要认为某些法则（如勿杀、勿怒、勿奸淫、勿以恶报恶等）本来就存在于神的戒律中，所以我们才不能不去遵守。我们倒是应该认为某些法则是因为我们从心底感到非遵守不可，所以那些法则乃存在于神的戒律中。

——康德

“对未来一无所知，不知等在前面的是什么，在这种情况下，我们究竟要怎么生活下去才好呢？”

但也只有在这种对未来一无所知的情况下，我们才能开始真正的生活，我们才能创造人生，才能完成神的意志。神知道这一切——只有这样的生活方式，才能为我们证明我们对神以及对神的法则之信仰。只有在这种情况下，才能有自由也才能有真正的生活。

想获得知识的念头与信仰的建立是两回事；教育有时候对信仰是很不利的。

——佚名

※

宗教能给哲学思考带来光，哲学思考能确保宗教真理。因此我们应该好好地去认识真正有宗教情怀的人以及真正有哲学洞察力的人（无论今人或古人）。

# 2月14日

## 神的存在

神深藏在人的内心。

人若不是由圣灵处重生，就不能见神的国。

——《约翰福音》3：3

理性（智慧）只能来自有德性的人，而当我们从内在发现理性的时候，才能成为有德性的人。善良的生活是需要理性之光的，而理性之光也需要善良的生活，这两者是相辅相成的。因此如果理性不来扶助善良的生活，那就不是真正的理性；而我们的生活如果不为理性致力，那就不是善良的生活。

——中国金言

爱与理性是一件事情的两面，由这两面我们才可能思考神。

——佚名

某富商与某公主结了婚。富商为公主建造豪华住宅，为她买无数贵重衣物，为她准备数百奴仆和管家，千方百计想让她开心。但这一切都无法满足她，生活过得毫无意义，她不断想着自己高贵的出身。我们的心灵也是如此，世俗的一切享乐绝对无法满足它，如那位公主之想家。我们的心灵也不断渴慕着它的根源，因为心灵原来是上天的儿女。

——《犹太法典》

古罗马有一位叫塞内加的贤者，他并不知道有基督，也不知道有基督教义，但他对人生的解释却如同基督对人生的解释。他给朋友的信中曾如此写着：

“亲爱的柳滋里，当我们不断努力去达成心灵的美善状态时，我们是在做何等尊贵的事，我们所获得的幸福又是多么多；只要努力，每个人都能做到这一点，都能保持那种特有的气氛。我们无需对天举起双手，我们也无须为了想让神听清楚我们所说的话而请求庙里的住持允许我们更接近神像耳边。神随时在每个人的身边，不，在每个人内心！是的，我相信是如此的。在我们内心，存在着神圣的精神，那是一切善恶的证人，也是看守人。他与我们同行，或者说我们一直与他同行。只要我们以他为重，他也一定会珍惜我们。

“只有靠神的帮助，我们才能超越幸与不幸，只有神能帮助我们做伟大的决定。

“每一个善良人的内心深处都有神的存在。”

——佚名

如同我们看不到人的心灵，我们也看不到神。但我们却可以从神的一切创造物之中看到他。我们必须认识自己心中的神圣力量，这股力量由心灵的创造能力来表现，由我们永远面向理想境界的热诚来表现。

——塞内加

别伤了你那公平的心，它是对人类内在生活的有力证明。

——印度经典

※

我们每个人内心中都有神和我们同在——随时记得这件事将帮助我们远离恶，接近善。

# 2月 15日

## 真理是单纯的

有天然的单纯以及由睿智产生的单纯，前者唤起人的爱，后者唤起人的尊敬。

大部分的人生问题都能像解代数方程式一样得解，其解答都表现出了一种最单纯的形式。

——佚名

单纯总是吸引人心，这就是小孩子和动物吸引我们的原因。

——佚名

自然并不懂关于人在社会上建立起的相互间令人不快的差别：自然并不特别眷顾地位高的或富裕的人，他把心灵特质分给每一个人；倒是从纯朴的人身上更可以看出自然的善良感情。

——莱辛

说一些巧妙装饰过的话，装一副讨好的态度，这种人是很少具有高超的爱与德的。

（原文：巧言令色，鲜矣仁。）

——孔子

真实的话语经常是单纯的，是每个人都能了解的，而且是含有最深刻思想的。

——东方金言

单纯就是对自己作为一个人的价值之认识。

——阿斯特

单纯经常是一切感情到达最高境界的证明。

——达朗贝尔

※

最好能避开一切矫饰的、离奇的、太惹人注目的东西；只有单纯能真正让人与人亲近。

# 2月 16日

## 肉体与精神

人在年轻的时候思想肤浅，以为自己生活的本质是在肉体。但随着年龄的增长，所想的东西逐渐深入，人就会慢慢认识到自己以及全人类生活的根源是在于精神。

我们真正的生活并不限于此时、此地每日所过的表面的肉体生活，除此之外，我们最好能常常记得我们的内心还存在着另外一种生活——精神（灵）生活。

我们所看得到的肉体生活就像盖房子时的鹰架。鹰架的需要是到房子盖好为止，等房子盖好，就不再需要鹰架了，所以鹰架就要被拆掉。我们的肉体生活也是这样，肉体生活之所以必定需要，完全是为了建立精神生活，精神生活一旦建立起来，一个人就不会再去重视肉体生活。

当我们看到主要建筑物才在地基上建了那么一点点，鹰架则做得结结实实，显得又巨大又壮观，我们会觉得重要的事情都在鹰架而不在建筑物本身了；当我们把肉体生活视为生活的全部时，也是给人这样的感觉。

——佚名

静观天地吧！无论山、川、各种各样的生活方式，或自然的许多创造物，一切的一切都有消逝的时候，是的，这一切都会成为过去，当我们清楚了解到这个事实的时候，我们就会觉得豁然开朗，于是我们才有可能认识到永恒的东西。

——《佛陀箴言》

我们为了建筑物或山或天体的广大而惊叹，估计它们的容积或重量时所用的是惊人的数字。然而照这一切看来，广大的物体若与明白这一切的“那一位”相比也就等于“无”了。老子说得好：天地间最强大的东西是看不到、听不到、摸不到的一种存在。

——佚名

会死灭的并不是你，而是你的肉体；得以生存的并不是你的肉体，而是深藏在肉体里面的精神。并不是你的肉体让你的精神了解你的生活以及全人类的生活，而是在你的肉体里面的精神让你的肉体活动，让你感觉、记忆、预见，它更左右你的行为，引导你的行为。如同看不到的一股力量支配你的肉体那样，支配全宇宙的一股看不到的力量也应该存在的。

——西塞罗

※

我们常误以为肉体的领域是真正重要的领域，若能抛弃这种自欺欺人的想法，我们立即能了解到自己的真正使命，而且能去完成它。

# 2月17日

## 真正的平等

世界上的每一个人都具有享受自然所赐恩典的共同权利，以及得以尊重别人的共同权利。

我们因基督教的本质被严重歪曲，只有极少数人或者说几乎没有人对它有真正的信仰、真正的实现而感到惊愕。基督教的特征乃在于以奠定全人类的真平等为使命；在于告诉世人每一个人都是神之子，所有的人都是兄弟，所有的人都能神圣地生活。真正的平等不仅在于废除阶级、地位或私有财产等，同时也要求破除暴力——不平等的最大武器。平等并不是像大家所想的那样可以由社会所定标准来实现，只有从对神和对人的爱上，它才能获得实现；而对神和对人的爱并不是由社会标准来培养，而是由真正的宗教教义来培养的。

一般人以为自由、平等、同胞间的爱是可以由恐怖的刑罚或暴力获得实现的，其实这是犯了多么愚蠢的错误；这只是表示那些人想用来实现这些理想的方法不可信，并不表示这些理想本身不可信。

——佚名

有人说人人平等是不可能的事，因为总有一些人比另外一些人力气更强，智能更高。但如李希登堡所说的，正因为某些人比其他的人更有力气、更有智慧，每个人权利的平等才显得特别重要，如果除了智能和体力的不平等之外还存在着权利的不平等，那么强者对弱者的迫害就会更大。

——佚名

我们有必要回顾一下基督教国家人民的生活。他们之中有人一辈子都在做一些不必要的事，或做失去理性的杀人放火的事，有些人则饱食终日或沉醉在各种享乐之中，这些人制造了多可怕的不公平的现象；他们虽然也提倡基督教的法则，但他们事实上是在极残酷、极显著的不平等中建立他们的生活，因此他们等于是带着假面具来提倡平等。

——佚名

世界上没有任何成人像儿童那样在生活中实现真正的平等。大人反而不断地在破坏、在糟蹋儿童心中这种神圣的感情。他们教给孩子们世界上有非尊敬不可的帝王、富翁、达官贵人，另外却有可以不受尊重的奴仆、劳工、乞丐。这些人真是罪恶深重啊!

——佚名

※

不要以为平等是得不到的，也不要以为那只有在遥远的未来才可能得到。学学幼儿吧！你现在立刻就可以得到它！但那并不是通过社会设施或法律所能获得，而是通过你的生活以及你所交往的人与你的关系来获得的。我们若能如幼儿般怀着爱与温情跟所有的人交往，对所有的人一视同仁，绝不对自以为伟大或高贵的人特别卑躬屈膝，对自认为是卑微的人也同样对他们表示尊重，那么平等便能获得实现了。

# 2月18日

## 舍己献身

我们每个人越是超越那“小我”，就越能显出我们内在的神性：小我把神蒙蔽了。

我们必须全心爱神，全心憎恶小我。

——巴斯噶

我父爱我，因我将命舍去，好重新领受。没有人夺我的命去，是我自己舍的。我将权柄舍了，又有权柄重新领受：这是我从我父处所受的命令。

——《约翰福音》10：17～18

越是为自己费脑筋，越是一心只想到自己，我们就越软弱，自己就越受束缚。反之，越不以自己为重，越少注意自己，我们就越坚强，越自由。

——佚名

若能做到自我否定——自我意欲的否定，那么所有的事情都可以迎刃而解了。

——佚名

只有从否定了自我的人嘴里说出来的教诲人的话语才是真正可信的。而也只有否定了自我的人才读得懂真理。

——《犹太法典》

凡要紧握自己生命的，必失去生命；凡为神和福音丢弃生命的，必保全生命。

——《马可福音》8：35

不从现世的东西、自己的名声或自己的肉体之中来看自己的生命，才能了解真正的人生。

——佛陀

若一个人毫无勇气去体验一下绝对的自我否定的生活，他就无法评价这种生活的结果，他更没有批评它的权利。但我想应该也没有一个聪明而诚实的人会有勇气否定他偶然有过忘我或超越自我的机会所给予他精神和肉体的可贵影响。

——罗斯金

※

我们若在谈话中途想起自己的事，思路就会中断。只有把自己完全忘掉，完全从自己走出来，我们才能跟别人实实在在地交往，才能为他们效劳，才能对他们产生影响或感化他们。

# 2月19日

## 谈勤劳

认为自己可以不劳动的想法是一种罪恶。

没有比劳动更能使人高贵的。忽视劳动，我们便保不住自己作为一个人的价值，饱食终日无所事事的人那么重视外表的原因就在于此。他们认为，如果没有这些外在条件，便会受到别人的轻视。

——佚名

对于不靠自己的劳动以获取面包的坐享其成的阶级而言，要他们了解宗教的真正意义，要他们实现纯粹的德性，从生理上就是不可能的。

——罗斯金

关于人生的事务，谁也没有特权或优越权，而且这些也不可能有；但是人生的义务却是无限的；而人类第一个无可置疑的义务是参与为自己的生活也为别人的生活而与大自然进行的搏斗——我们若想领悟这些事情，必须毫无保留地接受真理并完全悔悟。

——佚名

不断地努力吧，不要认为劳动是一种不幸，而且不要因为劳动而期待别人的赞赏。你所应该期待的是全人类的幸福。

——奥勒留

※

我们取自别人的不要多过给予别人的，这是正义的要求。因为我们自己的劳动以及我们所利用的别人的劳动的价值都是无法衡量的，而且说不定有一天我们会失去劳动的能力，而必须借助于别人的劳动。因此为了避免成为不义之徒，我们平常必须努力做到多给少取。

# 2月 20日

## 真正的进步

人类真正的进步是在于宗教上的进步。

宗教在于指示人的方向。宗教使所有东西逐渐变得单纯、易解、明确，并逐渐与知识配合。随着信仰的单纯化、鲜明化，人与人将更密切地互相结合在一起。

——佚名

如果有人认为目前我们对宗教的解释已经足够，我们可以就停留在这样的阶段，这表示他是个远离真理的人。“光”并不是要我们一直凝视着它才给我们，是为了向我们启示它背后所隐藏的真理才给我们的。

——弥尔顿

社会上的掌权者虽然想尽办法以暴力来击碎基督精神，但基督精神遍及各处。“福音书”的精神果真没有渗透到民间吗？民众没有开始见到光吗？关于权利与义务的解释对所有人而言没有比以前更明白吗？大家真的听不到从四面八方传来声音要求成立以严正法律、保护弱者、真正平等为基础的制度吗？一向横亘于人与人之间的敌意没有消失吗？大家果真没有四海之内皆兄弟的感觉吗？不，专制者似乎早已在内心中听到预言——他们不久就要灭亡的声音，颤抖着。因为受到可怕幻觉的威胁，他们一边颤抖，一边紧握着自己给民众套上的锁链。而耶稣就是为了让民众获得自由才来的。

锁链很快就会掉落地上，锁链落地的声音将惊动专制者的梦。在社会不为人知的隐秘处，不断有一些工作被人完成，这些工作是专制者的权力所无法制止的，而且这些工作的实实在在的成果让他们陷于难以形容的恐怖中。这些工作是爱的活动的幼芽，随着其成长将去除此世的罪恶，让弱者的生活复苏，并安慰悲伤者，切断被囚者的铁链，向世界上所有的人展示一条新道路——以和平互爱为内在的法则。

——拉梅内

人类的一切进步都以宗教上的进步为基础。而宗教上的进步指的并不在于发现新的宗教上的真理，或发现人类与世界以及人类与造物主（万有根源）之间的新关系（绝不可能有什么新关系的，也无须什么新的东西）。它是在于去除宗教领悟上所不必要的一切多余的东西；并没有新的宗教上的真理；当我们的智慧更加深一层的时候，我们就会更确切地把我们与世界以及我们与造物主的关系建立在今日所建立的关系之上。假如有所谓宗教上的进步，指的并不是发现到什么新的东西，而是为已经被发现、被表现的东西扫除尘埃。

——佚名

宗教指的是任何时代、任何社会的卓越先驱者们对人生所做的最好解释，而社会上其他所有的人又以不可避免之势一步一步走近这样的解释。

——佚名

※

不要把真正的进步，亦即宗教上的进步与技术、科学或艺术上的进步混同。即使在像目前宗教显得非常退步的情况下，技术、科学或艺术上的成就也可能表现得很伟大，不过若能伴随宗教上的进步，它们的成就必然更伟大。

若想真正获得宗教上的力量，首先必须破除种种迷信，走到自觉的清明境界。

# 2月21日

## 肉食的罪过

曾经有过人吃人的时代，后来的时代虽然不再人吃人，但仍然继续着人吃动物的习惯。目前人正学习以合乎自然的方法逐渐放弃这种野蛮行为。

当你看到被带往屠宰场的动物那种无助的样子，你为什么会感到痛苦呢？那是因为在你心底深处感觉到杀害不会反抗而且无罪的动物是多么的残酷和不义——听从你内在觉醒的声音吧！避免肉食，勿以杀害无罪的动物为乐！

——斯特鲁威

以保护儿童、保护动物为口号的种种团体，虽然大部分情况都把肉食视为他们想借刑罚来防止的残酷行为之原因，但他们对素食主义所表示的完全冷漠的态度是多么奇怪的事。遵守爱的法则远比遵守刑法更能强而有力地防止残酷行为。为了发泄自己的愤怒之情所做的虐待或杀害的行为，与为了食用动物的肉所做的虐待或杀害的行为，两者之间并没有什么区别。

——露西·马洛丽

抽烟、喝酒、吃肉往往是构成一套的极坏习惯。这三种可怕的习惯将招来很大的不幸与贫困。人陷于其中，等于受物欲所左右，于是把明快的悟性和善良的感情都抹杀了。

——希尔斯

有些人认为我们对动物所做的一切皆不含道德意义，这种想法是错误的。又有些人只是嘴巴上卖弄着道德，事实上又认为我们对动物并无任何义务，这种想法也是错误的。人就在这些谬误中表现了可怕的残虐性与野蛮性。

——叔本华

有个旅客在非洲旅行，来到食人族正在吃人肉的地方。食人族向旅客说明他们对人肉比对其他动物的肉更重视的理由，他们说其他动物脏，人则一天沐浴三次。

“太可怕了！”旅客看到眼前食人族的食物不由得这样叫了一声。“不，加盐来吃，很好吃的。”食人族的酋长却这样回答。

“太可怕了！”当素食者看到文明人的餐桌上摆着猪肉、

牛肉、羊肉的时候也会这样喊吧。“不，加盐来吃，很好吃的。”文明人不是也要这样回答吗？他们和食人族之间又有何区别呢？他们同样漠视自己所吃的肉体所受之苦。

——露西·马洛丽

人之所以屠杀动物，吃动物的肉，主要因为大家相信神创造动物是为了让人类利用，因此屠杀动物一点都不算什么坏事。但这绝非事实。屠杀动物并非罪恶的事即使在某些书上有所记载，但每个人心中却更清楚地记载着我们必须爱护动物如同爱护人；只要我们的良心不受到蒙蔽，一定都知道这件事的。

——佚名

※

如果你已决定吃素，那就不要因身边亲友的攻击、指责或嘲笑而改变主意。若人人皆可吃肉，吃肉并不算什么，肉食主义者也就不致攻击素食主义者了。肉食主义者其实心里是不安的，因为虽然他们目前已经意识到自己吃肉的罪过，但他们始终没有能力让自己脱离这种罪过。

# 2月22日

## “道可道，非常道”

一切用以说明神的话并不能满足我们的心。我们只能领会却无法表达的关于神的事情，正是我们每个人所需要的事情，只有它能给予我们生命。

我们的内心有个涵括天地万物的“存在”；它是一种不具形体的存在。有人称它的特质为智慧，为爱。可是这个“存在”本身是没有名称的，它是一种远在天边同时近在咫尺的存在。而神是无穷无尽的“存在”，它在我们内心向我们要求正义。

——安诺德

神就是我们知道的我们本身只是其一部分的那个“整体”。

——佚名

不断质问神在哪里是很愚蠢的。神就存在于整个自然界以及每一个人的心中。虽有各种不同的信仰，神却只有一个。若人不了解自己，又如何能了解神？

——佚名

这个世界曾经是没有我存在的，而有一天我来了，我之来到此世并非我的意志使然。同样的，现在这样存在着的我也不知何时又要消失，这也不是我的力量所能左右的。我是靠着在我之前就存在于天地的，在我之后仍然存在的，而且远比我强大得多的全能的力量才开始存在的，也是靠着这个力量继续我的存在。虽然如此，我却听到有人说我们称之为神的东西在天地之间是绝对不存在的。

——拉布吕耶尔

有两种人认得神：一种是具有谦逊之心的人，对受轻视且身份低微的人怀有爱心，不论教育程度高低，他们同样都认得神；另一种人是无论碰到任何障碍都有法突破，具有发现真理的足够智慧者，他们也认得神。

——巴斯噶

如果一个人从生下来就一直被关在装着磨砂玻璃窗的房间里，那么他很可能把太阳称为磨砂玻璃，也就是说，他会以将阳光引进房间的唯一物体之名来称呼太阳。同样的，《福音书》把神称为爱，或智慧，或悟性，也是因为这些至高之情或至高的能力被认为是唯一能带来神的启示，因此就以这些名称来解释神了。

只有走出幽闭的房间，被囚禁的人才能分辨太阳与接受太阳的玻璃窗之不同。同样的，只有解除肉体的束缚、物质的束缚，人的心灵才能与神的本质合而为一。

但是在解除肉体束缚或物质束缚的过程中，一个人如果对自己的理性有最高评价，他就会认为神就是理性，而把神称为理性了。如果评价最高的是爱，则称神为爱。

至于那些既不相信自己的理性亦不相信爱的人，其必然结果是盲目且绝对地相信种种个性的权威，于是把个性或某人当成了神。

——斯特拉霍夫

※

人对神的了解随着他一步一步走近神而不断改变。

# 2月23日

## 社会生活

现在的社会组织既不合良心的要求，又不合理性的要求。

大部分搞事业的人都简单地认为世界上最适当、最有利的社会制度是这样的：让无秩序的大众互相疏远、互相争夺，蹂躏儿童和老人，陷他们于泥泞之中，利用无组织的劳动阶级的力量制造种种非必需品。对于无组织的劳动者，随时可以把他们招来，也可以看情形把他们赶走，并任意饿死他们。

——罗斯金

你最好能想象一下降落在麦田的鸽群。其中百分之九十九的鸽子不是仅仅啄些自己喜欢的东西或吃自己需要的东西，它们尽全力地收集它们能找到的食物，但只留些麦壳给自己吃，堆积如山的储藏物是为它们之中最衰弱的同伴而准备的。当它们围着体弱的不幸同伴吃那一堆食物，尽管它边吃边掉，显得不很珍惜，它们仍然感到满足。如果有哪只冒失的饥饿的鸽子敢碰一下那些食物，它们会立刻一起向它猛扑上去，把它撕得粉碎。

如果你能看到这样一副光景，那么对于我们的社会制度以及其中所不断进行的事物一定会不寒而栗吧！

——帕雷

看到世人为了互相争夺、互相陷害、互相欺骗或互相出卖而绞尽脑汁的情形，我怎能不悲叹呢？看到世人把善恶的根源弃置不顾或忘得一干二净的情形，我又怎能不悲泣呢？

——费格尼斯

“爱”随时让善良的人和可爱的人变成天使。所有的人看起来似乎都有同样的心灵，但大家彼此不和的时候，所有美好的东西便消失殆尽。其实没有比爱更能带给人幸福的了；没有比道德更能真正感化异教徒，也没有比罪恶更能诱惑异教徒的了，这是理所当然的事。因为当他们看到我们一边说着“爱你的敌人”，一边竟放高利贷、抢劫、充满憎恨之情，并残酷对待自己的同族，他们会认为我们简直在说梦话。当他们看到基督教徒死前的战栗，怎能相信关于永生不死的话呢？

无疑的，我们确实是有罪过的，有种种证据可以证明我们的罪过。或许有人说可以让异教徒想想我们祖先的事，但他们不会相信往事的；他们只想看到目前德高的人；他们会说，“拿你们的实际行动来让我们相信吧。”可是哪里有那种种行动呢？相反的，他们却知道我们非常残酷地折磨着我们的邻人，而把我们的为害比喻成鼠疫。这就是我们无法强迫他们归向我们的原因。

——琐罗亚斯德

土壤、阳光、动植物界、矿石层以及其他种种自然资源都是我们才刚刚利用没多久的，而在这些东西之中含藏着足以供给我们一切物质需求的无限宝库。自然界不沦于贫穷之虞，即使是不幸的残废者或衰老者，也没有理由陷于贫穷，因为人天生是一种社会动物，只要不受贪欲的影响（贪欲是人类慢性的贫穷之原因），家庭的温暖以及社会的关爱一定会为一些不幸的人提供他们所需要的东西。

随着文明的进步，要想处理社会事物或改善社会生活，已不再由少数人来决定，而必须由社会上所有人来参与。我们把社会上的事物都交给政府官员是无法进行得很理想的，就像政治经济的研究也不能都交到大学教授手里，人民本身也必须研究思考，因为真正的实行者是民众。

我们的文明对我们无论看起来多稳固，破坏的力量却正在逐渐扩大，我们正在培养一批如匈奴或凡尔达人那样的野蛮人，但不是在人迹不到的荒野或山林间，而是在都市密集的阴暗建筑物之中，或人来人往的大马路上。

——亨利·乔治

改革是必须为民众而且由民众来完成的。但改革若像现在这样为某一阶级所专有，也为其所得，那么这样的改革只不过是从一种恶转换成另一种恶，对民众是无济于事的。

——马志尼

人互相憎恨着，也尽量利用着情欲。似乎情欲对社会的幸福能有所贡献，但那只不过是个假面具，是在于提示虚伪的爱，因为那本质上并非爱而是厌恶。人的这种基本特质——欺骗性，只隐藏在内，而不显露于外。

——巴斯噶

※

人是具有理性的一种存在，但为什么世界上许多人都不跟着理性走，而跟着暴力走呢？

# 2月24日

## 真理的传达与认识

真与善两者是不可分的。

怀着善心说出的真理才让人听得进去，否则无论讲得多巧妙而正确，也无法传达给别人。因此你最好能了解，你说的话之所以无法为别人所接纳，不是因为你自以为真理的东西事实上并非真理，就是因为你缺乏善心，或者兼有这两种情况。

为了传达真理，必须有两个人：一个是说的人，一个是听的人。传达真理的唯一方法是怀着爱心讲话；用爱心讲出来的话才能打动人心。只是讲一大堆道理是没有用的，那只是一种不自然的声音。

——梭罗

说真情实话与字写得好、手工做得好是同样的事，只要多练、多做就能习惯，这都只是技术上的问题。与其说是意志问题，不如说是习惯问题。因此若想说真情实话，必须让自己习惯于真理。为了做到这一点，无论多小的事情，绝不能让自己说出一句不真实的话。

——奥勒留

我们在别人面前戴假面具戴习惯了，以致连在自己面前也戴起假面具来了。

——拉罗什福科

如果一个人来到真理面前仍对它视若无睹，而误把虚伪当真理却又不自知，那么这样的人永远无法知道自己该做些什么。

——佚名

※

真理绝不把人造就为邪恶的人或自负的人：真理的表现通常都是温和、谦虚、单纯的。

# 2月25日

## 谈祈祷

祈祷就是去认识、去记取永恒的、无穷的神之存在法则。而且将自己的过去以及未来的行为都放在这个法则上来衡量，能常常这么做是有益的。

祈祷之前，最好能先反省一下心是否能集中于一点。如果不能，就不要祈祷。

要开始祈祷的时候，就不要再留有悲伤的心情，也不要再留有轻浮喧闹的笑谈余绪。只有在心里充满神圣情怀的时候才开始祈祷。

如果心灵未能进入这样一种美好的状态，那么暂时不要祈祷。

习惯性的祈祷并不是真正的祈祷。

——《犹太法典》

人每天吃喝而不感到厌倦，因为饥渴不断出现，若非如此，吃喝就变得很无聊了。

精神上的飨宴亦复如此，必须有不断而深沉的渴望才不至于对它感到厌倦。

——巴斯噶

祈祷本来可以防护我们的弱点的，为什么我们要避开它？让我们接近神的一切精神上的努力，由对自我的思考开始才是一条自由之路。

祈祷让我们接近神：若我们有何改变，并不是神改变了我们，而是我们因一步一步走近神而改变了自己。

祈祷让我们认清自己的弱点，而我们的力量会随着这一层认识而增加。

我们越是接近神，越能明白我们向神祈求的一切都可以在自己内心获得。

——卢梭

你们祷告的时候，不可像那假冒伪善的人，爱站在会堂里和十字路上祷告，故意叫人看见，我实实在在告诉你们，他们已经得了他们所应得的。

你祷告的时候，要进你的内屋，关上门，祷告你在暗中的神，神在暗中察看，必然报答于你。

你们祷告，不可像外邦人，用许多话重复：他们以为话多了必蒙垂听。

你们不可效法他们：因为你们没有祈求之前，你们所需要的，你们的神早已知道了。

——《马太福音》6：5~8

无论如何人有祈祷的需要，这是自古以来就被承认的事。

古时候的人祈祷是大家在一定的条件、一定的场所、一定的动作、一定的祷词下，为求神降恩并求心灵的平安而对神跪拜（无论一神或多神）——即使现在大多数的人仍然这样做。

但基督教并不教人这样的祈祷，它告诉我们祈祷不应该是摆脱世俗间种种不幸的手段，也不是获得世俗的安宁幸福之手段，祈祷应该是人抗衡一切罪过以增强本身力量的一种方法。

——佚名

祈祷的根本意义是打消一切俗念，超越所有可能迷惑自己感情的东西（穆斯林做得好，他们在进教堂的时候，或者开始祈祷的时候，都以手指蒙住眼睛和耳朵），而唤醒自己内心与神相通的灵性。基督告诉我们一个最好的方法，就是单独一个人进到屋里，把门窗都关起来。其实在屋子里、在森林中或原野里都没有关系，主要是完全独处的时候才去祈祷。

祈祷的根本意义是抛开世俗的一切、外在的一切，唤醒自己内心属于神的部分，让自己通过灵性达到与神（整体）的沟通，并认清自己只是神的使者，省察自己的精神、行为和欲望时，绝不以世界外在条件的要求为依据，而以自己的灵性（神性的部分）为凭借。

这样的祈祷就不致产生像社会上一般伴随着歌曲、绘画、灯光、讲道等所造成的那种无益的感动或兴奋。可是这样的祈祷是对心灵的拯救，让心灵巩固，并提升心灵。这种祈祷是一种忏悔，是对过去一切行为的省察，并为将来一切行为指示方向。

——佚名

※

自己的祷词——也就是自己对神的认识或态度之表现——最好能常常更新。人总是不断在成长，在变化，因此对神的认识也必然有所变化，即变得更明确。而祈祷也应该有所变化。

# 2月 26日

## 慎　言

在跟别人长谈之后，你最好能回想一下所谈的话，你会惊奇地发现其中大部分，或者有时候甚至全部都是空洞的，不必要的，还可能是邪恶的。

无知的人最好沉默，但知道这件事情的人就不再是无知的人了。

——萨迪

有分量的话都是慎重考虑过的。

当你要说话的时候，必须是“说了胜于沉默”，才把话说出。

——阿拉伯谚语

真实的话不悦耳；悦耳的话不真实。

善良的人不好争论；好争论者不是善良的人。

智者不是学问广博的人；学问广博的人不是智者。

圣人无私无欲，但越帮助人，自己越充足；给予人越多，自己越富有。

天道无私，对万物有利无害。圣人之道在于贡献而不在与人争夺。

（原文：信言不美，美言不信。善者不辩，辩者不善。知者不博，博者不知。圣人不积，既以为人己愈有，既以与人己愈多。天之道，利而不害；人之道，为而不争。）

——老子

如果想成为聪明的人，最好能学习合理地发问，侧耳倾听，沉着回答，尤其重要的是没有必要讲话的时候要沉默下来。

——拉瓦特

※

在你说话之前最好能考虑一下自己想说的话是否有说出来的必要，是否有说出来的价值，是否会伤害到某个人的心。

# 2月27日

## 富人少慈悲

当慈善成为一种牺牲的时候才能算是真正的慈善。

你们的金银都长了锈。那锈要证明你们的不是，又要吃你们的肉，如同火烧。你们在这末世，只知积攒钱财。

——《雅各布书》5：3

在金钱之中，是的，在金钱本身之中，还有在拥有金钱这一件事情之中，存在着某种不道德的东西。

——佚名

你如果想得到神的恩惠，就必须拿实际行动来表现。

在现实里也会有人像《福音书》里的富裕青年那样说吧，那青年说：“一切我都遵守了—— 也不偷盗，也不杀人，也不奸淫。”

但耶稣说：“该做的不只这些，还有其他重要的事。”

“那么还缺少什么呢？”

耶稣说：“去变卖你所有的财产，分给穷人，你还要来跟从我。”

所谓跟从耶稣走，就是以实际行动学习耶稣，那么这是怎么样的一种行动呢？就是对邻人的爱。如果这个青年过着富裕的生活，却不愿把自己的财产分给穷人，那又如何能说他是爱邻人呢？爱若强烈得超过只在口头上说说的程度，很自然地就会从行动上表现出来。有钱人以行动来表示爱，指的是抛弃财富。

——琐罗亚斯德

深具慈悲心的人大部分是不会成为有钱人的，而有钱人一定是缺乏慈悲心的。

——中国谚语

有钱的慈善家并未想到他们向某一个穷人施舍的东西其实是从许多更穷苦的人手里夺取的。

——佚名

富人纵使向穷人施舍，但他们只是借此获得满足，他们照样拥有财富，照样过奢侈的生活，这对一般大众将造成一种毒害。他们并未考虑到由于他们的崇拜黄金，他们的奢侈生活，以及他们对贫困生活的轻蔑，使得穷人更加堕落了；穷人于是误认为只有富贵才是世界上唯一的幸福，因此富贵也就是他们首先要去获得的。

——柴宁

财主进入天国是困难的。骆驼穿过针孔要比财主进入神的国度还容易呢。

——《马太福音》19：23～24

※

富人是难以行善的。富人为了能行善，首先必须放弃自己的财富。

# 2月28日

## 谈艺术

艺术是把大家融合在一起的一种方法。

无论多么洗练的艺术，如果远离道德理想，而只沉醉于本身的满足，那么这样的艺术就只能供娱乐之用。追求这种艺术以麻醉自己，其实是在压抑心里的某种不满，但这样做只会使自己陷于更不利、更不满的情况。

——康德

既作为有钱人的娱乐消遣又被拿来愚弄穷人的艺术，是不可能长存的。

——莫利斯

艺术是最强有力的一种鼓吹方法。当然罪过的（罪恶的东西往往更容易鼓吹）、善良的它都鼓吹。对于艺术的鼓吹，必须比对于其他任何鼓吹手段要更加提高警觉。古时候宗教就有过因为担心艺术的坏影响而排斥所有艺术，这样做绝不是没有道理的。

——佚名

艺术的价值与科学的价值在于它们无私而公平地为所有人的利益效劳。

艺术与教育不可分。以爱心来教人是艺术的任务。如果艺术无助于世人对真理的发现，只提供娱乐或消遣，那是可耻的事，绝不是什么高尚的事。

——罗斯金

艺术可能高如大法师，也可能如又滑稽又可怜的丑角。

——马志尼

※

关于艺术的议论是最空虚的议论。了解艺术的人知道，每一种艺术都以它们独特的形式来表现，所以我们无须再以我们惯用的语言来说明它。因此，谈艺术谈得最多的人事实上都是些不了解艺术或对艺术没有感受的人。

# 2月29日

## 人生是不断的战斗

理想等于路标，没有它就没有确定的方向；没有方向就谈不上行为与生活。

真理并不常有具体化的必要。真理只存在于我们的精神之中，并如钟声深沉有力，传遍各处，引起共鸣。

——歌德

完美无缺是神的本性，渴望完美无缺是人的本性。

——歌德

理想在我们本身之中，同时，达到理想的障碍也在我们本身之中，我们的境遇只是我们必须靠之来实现理想时的一种材料。

——卡莱尔

人生并不在于追求安逸和享乐；人生是战斗，是前进；是善对恶的战争，正义对非正义的战争，博爱对各种私利私欲的战争；人生乃在于让我们的自我往照耀我们心智的理想之路前进。

——马志尼

只有在思想领域才可能实现的理想，只有在无限领域才可能达成的理想，只有具备实现之无限可能性的理想，才是真正的理想。

——佚名

我们都知道我们并没有以应有的生活方式生活着，我们也知道我们并没有以一种只要努力就可以过得正确的生活方式生活着。我们必须认清人生是可以改善而且必须改善的；随时有这种认识是很重要的，但如果只知道以责备现在的生活为目的就错了，该记得的是以建立更美好的生活为目的。我们必须怀着人生一定能加以改善的信心，过着一步一步走向完美的生活。

——佚名

常听人说："人是一种脆弱的存在，不可能成为什么圣人的，努力也是徒然，只要跟大家过同样的生活就行。"这种话真是大错特错。我们必须努力过像样的生活，并不是为了要当圣人，而是为了要让今日的自己比昨日的自己更好。每一个人此生的主要工作就在于此，全人类的幸福也在于此。

——佚名

※

我们所认识的善，存在于我们之中，也存在于世界之中——对这件事情怀着希望与信心是实现它的最重要条件。相反的，如果对此并无信心，认为我们永远也改变不了现在这种恶劣的存在情况，认为我们始终只能像现在这样活着，这是实现理想的重大妨碍。

# 3
# 月

March

# 3月1日

## 谈死亡

对死怀着恐惧是不自然的，那是一种罪恶的意识。

生活已过得非常有价值的人比谁都更不怕死。

——康德

老是战战兢兢生怕失去什么的人，一定不能体会到人生的喜悦。

——佚名

在世界上只活了一天和已经在世界上活了一个世纪是一样的；太阳、土地、世界、种种印象全都是一样的，今天存在的到明天仍然存在，可是死——不再有肉体存在，完全变成心灵存在，这不是十分令人好奇的事吗？但对一切新事物都具有强烈好奇心的人，却只对死并无好奇心；而从生下来就老是感到不安、老是过得很无奈的人，唯独对活着这件事仍然贪恋着；人都赞成一直活下去。但当人看到疾病、痛苦或死人的时候，便会产生一种困惑；为了让人好好思索这方面的问题，必须借助宗教的力量。

——佚名

人平常总为个人主义所独占，死是解除这种状态的一刹那，个人主义对人的本质是一种伤害，在这可以说完全恢复了人的本来状态的一刹那，人才触碰到最实在、最根本的自由。大部分人死的时候脸上都浮现出和平安详的表情，原因显然在此。一般说来，正常而善良的人，他们的死往往是平安容易的，可是对活下去的意志加以拒绝或否定的人，平静自然并带着喜悦而死的特权却被剥夺了，因为自杀的人只想在现实里死掉，觉得没有必要也不要求在明天或更远的未来继续存在。

——叔本华

对死怀着恐惧，其实就是内在生活充满矛盾的表现，就像见到幻影觉得害怕，其实是精神状态不健全的表现。

——佚名

死之所以可怕，是因为人误认为人生只不过是一个小小有机体。

如果一个人对人生具有冷静判断的能力，对人生的基本看法是正确的，他就一定会推出下面的结论：我们称之为死的肉体上的变化，是不断在我们之间也在所有生物之间发生的现象，所以应该没有什么不愉快的，也没有什么好恐惧的。

——佚名

动物对不可避免的死并不预先知道，所以它们并不知道死的恐怖。理性则向我们启示人的难免一死，在这一个事实的支配下，我们的境遇是否会比其他动物的境遇更恶劣呢？假如我们的理性只行使于预知死，而不用在自己生活的改善，情况确实如此。我们越是能过精神（灵性）生活，死就越不可怕。

——佚名

※

死是比夜的来临、冬的来临更不可避免的。我们对夜晚或冬天都有所准备，为什么对死却不做准备呢？其实对死的准备只有一样，那就是过美好的人生。我们过得越好，死就越变得无意义，死的恐怖也越发减轻；对圣人而言，死是不存在的。

# 3月2日

## 神的意志

只有当自己的意志与神的意志合而为一，一个人才能确切知道自己该走的路以及自己与他人的关系。

我们或许不知道也无法知道自己为了什么而活着，我们正在为人类的生活做些什么。但如果我们顺从把我们派遣到世界上来的那一位（神）的意志行事，我们就已做了我们所该做的事，我们的生活就是幸福的。这就和被人以颈圈（轭）套住脖子的马不知道自己将往何处、有何目的及运些什么的情况一样。但只要它柔顺谦恭地载运下去，它终会明白自己在为主人而卖力，也就会轻松下来，感到幸福。

“我的颈圈就是我的幸福，我的重荷是轻松的。”耶稣不是说过这样的话吗？我们如果只做神要求我们做的事情，则那些事情对我们而言是轻松容易且幸福的。

——佚名

当你把神的意志当作你自己的意志去实行的时候，神也会把你的意志当作他自己的意志去完成。让自己的欲求与神的欲求相调和吧，如果能这样做，神也会让别人的欲求和你的欲求相调和。

——《犹太法典》

让自己的行为顺从神的意志吧！凡是顺从神的人，他的内心将产生无比巨大的力量。

——奥勒留

在强盗横行的地方，行人就不敢一个人走路了，他会等警卫通过的时候跟他一起走，以免遭遇危险。

聪明的人在他的人生旅程中也会有类似的情形，他会向自己说：“人生到处是不幸与灾难，究竟到哪儿去寻求保护呢？为了安全走过人生的旅程，要等待怎样的旅伴才好呢？我应该跟着谁走呢？这个人吗？还是那个人？应该跟在有钱人后面还是达官贵人后面？不，干脆跟着皇帝走不是更好吗？但是这些人真能保护我吗？他们本身也会被掠夺、被杀害，而且和一般人一样也会陷于不幸之中。不仅如此，就是这些人，也可能袭击我，向我掠夺的。那么我究竟该到哪里去寻找只保护我而绝不袭击我的可靠旅伴呢？我应该跟谁走才好呢？”

这样可靠的旅伴只有一个，那就是神。为了避免陷于不幸或灾难，我非要跟着他走不可。但跟着神走是什么意思呢？即神所要的我才要，神不要的我也不要；这些如何才能做到？只有一个方法：了解神的法则并顺从于它。

——艾皮科蒂塔斯

对我们来说，并没有必要认为自己无所求，重要的是追求神所欲求的。我们不是要完全自我否定，而是要自我牺牲。

不要轻视自己的境遇；在任何情况下，你都必须做你该做的；无论在大地的何方，你都一样接近神，接近永恒。

——爱弥尔

※

顺从神的意志，亦即过善良的生活，是一条狭窄的道路，但要了解它是容易的，那就如同泥淖上木板搭成的窄路一样容易明白；当我们左右摇摆的时候，便会立刻掉到无知与罪恶的泥淖里。聪明的人会后退，并赶紧再回到木桥上，但愚蠢的人则迷失于泥淖之中，越陷越深，越来越难爬出来。

# 3月 3日

## 善行与报酬

对于善的生活还求什么报酬呢？在我们行善时所体会到的喜悦中，我们已经获得报酬了。

为别人做好事，其实就是为自己做了最大的好事——但这指的并不是报酬的问题，而是行善所带给人的极大喜悦。

——塞内加

过神圣生活的人这样向神祈祷："神啊，愿你能同情邪恶的人，因为你已经赐福给善良的人了；善良的人因他是善良的就已经很幸福了。"

——萨迪

有些人对别人行好事的时候，便期待别人对自己有所报酬或感谢。有些人则虽不指望报酬或感谢，但仍然忘不了自己的所作所为，仍然觉得自己对某人行善便是施恩于对方。但行善不应该是为了这些目的。行善者不应希求任何报酬，行善只是像树木结果子，有人享受便应十分满意，如此所行的善才是真正的善。

——奥勒留

对别人表示善的态度时，最好不要希求对方对你这份善的任何报酬，但报酬已在别人的感激之情中。对别人表示善的态度时，最好对他仍不做任何含有私利私欲的打算。——虽然如此，你还是能获得感谢和利益。进一步说：“以自己的生命为重的人将失去生命，为神奉献生命的人将获得生命。”

——罗斯金

修炼一切善行，回避一切恶行。一种善行将诱发其他多种善行，一种恶行将招来其他种种恶行。善有善报，恶有恶报。

——本杰塞

※

行善是可喜的，默默行善则更可喜。

# 3月4日

## 暴饮暴食之过

暴饮暴食，亦即在吃东西方面的放纵是最常见的一种罪恶；而我们之所以不太去理会它，只因为几乎所有的人都有这种罪恶。

罪有两种：一种是对别人的，另一种是对自己的。当我们不尊重别人内心的神灵时，便产生了对别人的罪，对自己本身的罪则由于不尊重自己内心神灵所产生。而对自己本身的最常见的一种罪就是“饱食”。

——佚名

鸟落网、鱼上钩，只因为它们有口腹之欲。同样的，人一有贪念也就经不起饵的诱惑而被捕获，口腹之欲等于脚镣手铐，成为食欲的奴隶而又能敬神的人一定很少。若想做一个自由的人，首先必须摆脱口腹之欲的束缚，吃东西应该只为了解饿，而不为满足贪欲。

——萨迪

贪吃者难以抗拒怠惰；而对于饱食终日、无所事事的人而言，要抗拒性欲更是困难。因此，任何教义要求人在节制方面应做的努力都是从对抗贪欲开始，也就是从斋戒开始。

——佚名

神赐给人食物，恶魔则赐给人厨师。

——佚名

苏格拉底排斥了一切多余和奢侈的东西，这是被一般人认为是非常困难的事。“吃东西必须节制，食物只为解饿，而不为满足口腹之欲”——他如此开导弟子们，并且更进一步地说，没有比暴饮暴食更伤害肉体和精神的了；无论在什么情况下，吃东西绝不要过量，吃个七八分饱便可离开餐桌。他把荷马《奥德赛》中乌利斯的故事告诉弟子：只因为乌利斯不贪图享受口腹之欲，妖女也就无法在他身上施展魔术，而他的同伴们则在经不起食物的诱惑时全部变成了猪。

——佚名

肉体因精神活动而痛苦并非不幸，但如果我们最贵重的心灵受肉体的左右而受苦，则是可耻的。

——《犹太法典》

注意你的嘴，因为病从口入，吃到七八分饱，你就应该站起来离开餐桌。

一个人若认为苦恼是世界上最大的恶，他就不可能是勇敢的人。这和视满足欲望为最高幸福的人不可能有所节制的情形是一样的。

——西塞罗

※

大家不把饮食无度当成一种罪过，只因为这件事并未显著加害别人。但如果一个人过得没有尊严，确实也算是罪过，在饮食方面的不节制就是这一类罪过。

# 3月5日

## 人生的意义就在此世

我们对人生只能在此地、此世中来认识，因此，假如我们的人生有任何意义，那意义便是在此地、此世之中。

一个人若混在人群中，只为现实目的而活着，他是不会有平安的；若只为精神目的而活着，他也没有平安；只有那些活在众人之间又能顺天意尽人事的人才能获得平安。

——佚名

不要因为觉得人生是个重荷而祈求死。有道德意识的人之所以总是感到肩上有重荷，是因为他们有不得不去完成的使命。解除这个重荷的唯一方法是去完成自己的使命，只有在你完成了天降之大任的时候，重荷才会消失。

——埃默森

一个人不认为自己生来有不得不去完成的使命，便不能算是自觉的人。

——中国金言

人生的意义既非苦恼亦非享乐，人生的意义是在于尽义务，这是一条必须好好走到底的路。

——托克维尔

任何境遇都会有义务与理想的存在；即使在你目前所处的这个可悲的、不幸的、可轻视的现实里，仍然有你的理想存在。不断去体会并且相信这件事吧，这样你将会获得自由。理想在你体内，理想的阻碍也在你体内，但你必须配合你的境遇来实现你的理想。我们往往在自己的境遇里苦恼着却又期待天国，我们应该了解一个真理，即我们所要的是在这困境里获得，除了在这里，哪里都得不到的。

——卡莱尔

※

此地、此世就是我们奉献自己的地方，因此，我们必须集中全力来完成在此世所该尽的义务。

# 3月6日

## 对神的爱

对神的爱就是对自我完善的爱，对自我完善的爱也可以说是对自我完善的努力；对自我完善的努力是人生的本质，因此人的生活平常就都是有意识或无意识的对神的爱。

有一个律法师，要试探耶稣，就问他说，“先生，律法上的诫命，哪一条是最重要的呢？”耶稣对他说，“你要尽心、尽性、尽意，爱主宰你的上帝。这是诫命中的第一条，且是最重要的。其次一条也相仿，就是要爱人如己。这两条诫命，是律法和先知一切道理的总纲。”

——《马太福音》22：35～40

所有不幸或精神上的苦恼究竟从何而来？那是由人眷恋一些不断在变化着的东西并想永远占有它们所引起。人总为自己所爱的人和事物而挂心烦恼，所有的屈辱、疑惑、不和、怨恨都是由于我们眷恋本来就无法完全占有的事物。

只有对永恒的、无限的东西怀着爱，才能给我们的精神纯粹的喜悦。我们必须倾注全力往这幸福的境地迈进。

正因如此，人的至高幸福不仅受到对神的认识这一事件所左右，并且其实是完全包含其中的。那么很显然的，去爱最值得爱的事物才有所谓人的自我完善；我们越能爱那最完美的存在（神），越能停留在对神的爱之中，我们就越能成为完美的人，越能获得至高的幸福。我们的最高幸福以及我们安宁的基础只存在于对神的认识与对神的爱之中。

同时很显然，要达到人类精神所能达到的最后目的，其方法只能从神的法则中去发现，而且也不得不这样做。因为方法的使用其实就是神在我们的内心运作。把我们导向这个目的的行为法规也可以称为神的戒律或神的法则；神的法则全部都包含在唯一至高的戒律中，即把神当作至高存在和至高幸福来爱他，而不因畏罪（刑罚的威胁），不因其他目的而爱神。对神的爱就是我们一切行为的最终目的。

局限在物欲生活的人并不了解这些事。他们觉得这些事是愚蠢的、空洞的；他们对神的认识是极不完全的。在那抽象的思想领域（理性的领域）中，他们找不到他们所要的幸福，找不到感官上的快乐，找不到任何可以满足肉体的东西（他们把肉体当作快乐的泉源），因为他们所认为的幸福只不过存在于邪恶的思想或知识中。但如果一个人能充分了解理性之上没有任何东西，纯粹的心灵之外没有任何更完美的东西，就不会有以上的想法。

假如我们深省神的法则，我们会发现下面几件事：第一，这个法则是具有普遍性的，对每个人都适合，因为那是从人类本性引导出来的东西。第二，这个法则并没有拿历史上的现象来证明其必要，因为它源自人的本性，无论在我们个人心中或生活在我们周围的其他人心中都可以发现它。第三，这一植根于人类本性中的神的法则，亦即敬爱神的自然法则，并不对我们要求任何热闹的修行仪式或因循传统的种种行动，因为那存在于我们内心的智慧之光本身就是我们获得幸福的最佳方法，无须借助一些模糊不清的事物。第四，对神的认识以及对神的纯真、自由而不变的爱就是遵奉神的法则之报酬，而冒犯神的法则所要受到的惩罚其实就是指这些幸福的丧失，而只翻滚于肉体的世界，或隶属于混乱的精神世界。

——斯宾诺莎

对邻人的爱若非植根于对神的爱，就像无根的草木一样；这样的爱只能热情地环境自己所中意的人，而这种爱往往会变为憎恶或敌意。但如果因爱神而爱邻人，则我们对于不爱我们的人，或我们不喜欢的人，或身体有缺陷的人等，都能一样地爱，这样的爱才是真正坚固不移的爱，这样的爱是永不衰退的，不，其坚固程度该是与日俱增的。

——佚名

大家都说：“对神的爱究竟指的是什么，我实在不懂。”

但关于爱什么、爱谁这些问题的含义，除了当事人之外，又有谁能知道？只有爱的当事人本身才知道其意义。

不懂艺术或科学是什么的人，又如何向他说明爱艺术或爱科学的含义呢？

同样，如果有人不懂神是什么，甚至夸张他的不懂，又如何向他说明对神的爱所包含的意义呢？

——佚名

有人认为只有对“人格体”才可能有爱；神并非人格体，因此不可能对神有爱。

但我本身是人格体，因此也就有爱神的必要。

——佚名

※

有人说不能不畏惧神，这不是真的，应该说不能不爱神。

消除对世人、死亡、邪恶以及自然力的恐惧只有一个方法，即以爱待神。

# 3月7日

## 劳 动

劳动——尽自己的力量工作，是人生的必要条件。我们自己所需要做的事情虽然也可以利用别人来做，但毕竟不能免除肉体上对劳动的要求。一个人不做必要而合理的事情，就会做些不必要的愚蠢的事。

人生本来就是要劳动的，劳动的人心底能产生一股神圣的力量，这一股力量是全能的神所赋予的。人只有以适当的形式劳动，内在的一切高贵力量才会觉醒，从而把他唤回到知识领域。真正的知识可以说只有借着劳动才能获得。除此之外，一切都只是假设，是学校里的空谈，是遥不可及的不着边际的知识。不是可以实际体验到的事情都是属于这一类的知识。从事实际的工作可以使人免除种种疑虑。

当劳动绝对为生活所需的时候，该是一种喜悦而不是痛苦。役使别人劳动和被役使而劳动两者都不对。前者因自己不劳动，整天无所事事，泯灭灵性而变得不幸。后者往往因过度的劳动，糟蹋身体而变得不幸。但比较起来，后者还是比前者幸运，因为心灵比肉体贵重。

——佚名

假如你的着重点在于劳动而不在报酬，那么勤劳以及创造勤劳的神都会是你的主人，但相反的，如果你的着重点在报酬而不在勤劳，你就会成为创造报酬的恶魔之奴隶，而且那恶魔是所有恶魔中最卑劣、最丑恶的。

——佚名

勤劳对所有人来说都是重要的，因为勤劳能赐给人幸福。不教孩子运用双手来劳动，等于在为他们将来的抢夺行为做准备。

——《犹太法典》

※

不实际动用自己的肌肉，动物是无法生存下去的，人类也是如此。如果想快乐而满足地动用肌肉，最好的方法是将其用于有益的工作，尤其是用于为人去服务。

# 3月8日

## 祈　祷

祈祷使得人对神的关系明确地浮现于心胸。

像下面这样地祈祷吧：“天父啊，愿你的国来临，愿你的道行于人间如同行于天上。愿你赐给我们每日的面包。但不仅让我们成为负债者，也让我们尽义务吧。让我们避开一切的恶，让我们免于陷入罪恶。因为天父的王国有永恒的力量与恩惠。”

在这样的祈祷中，表现了人对神以及对世界的关系。反复陈述这些祈祷词确实是有益的，但这只在你意识到它的真正意义时才有益。

——佚名

信仰在于更新每日的理想。生活是错综复杂的。由于每日生活上一些偶发的事情会使得我们的思想停滞、混浊或急躁，祈祷能使其恢复平衡的状态。祈祷是心灵的滋润剂和强壮剂，让我们重获和平与勇气。祈祷在于让我们想起天父的命令以及我们在世上的义务。

祈祷的时候心里会浮上这些话："你被爱，也要去爱别人；你接受别人的，也要给予别人。总有一天你会死，因此赶紧去完成你自己的事情吧。以宽恕去克服愤怒，以善去征服恶。而且一定要去克服你自己本身愚蠢的意见、错误的自信以及易犯的不敬行为。你并没有迎合世俗一般人的义务，你也没有在他们之间获得成功的义务。做你该做的事，让该来的来吧，你的证人就是你的良心，而你的良心就是在你内心对你低语的神。"这也就是祈祷的要诀。

——爱弥尔

我们应该知道下面这些事情：我们祈祷、我们向神表白自己的愿望，并不是为了改变神的意志，而是为了认识神，并因认识神的力量而净化我们的心灵，提升我们的心灵。

——《犹太法典》

当我祈祷的时候，感觉到好像在跟一个人格的神说话，并不是因为神具有人格，而是因为我本身具有人格（个性）。（神不是一个人格体我是很清楚的，因为一个人格体或具有个性的东西是有限的，但神却是无限的存在。）

假如我戴上绿色的眼镜，那么我所看到的所有东西都变成绿色的——即使我知道并不是所有东西都是绿色的。

祈祷在于表明自己对万有的根源之关系与态度，也在于表现自己与他人的关系，并表明自己对和我们一样同为天父之子的他人之义务，是对自己所作所为的反省，是为了避免未来重犯过去的错误，而对自己的过去做一番正确的判断。

——佚名

独自一人关起门来祈祷是很好的事，而且是必要的。但你最需要的是当你兴奋、受诱惑、焦虑的时候，就在众人的骚扰中祈祷；在这一刹那想起自己的心灵，并想起神——这是人最需要的也是境界最高的祈祷。

——佚名

※

认为只凭祈祷，而不用借着服从神的意志就能合乎神的意思，这种想法是很可怕的。祈祷应该是让你想起你是怎样的一种“存在”，以及你这一辈子的主要工作是什么，等等。

# 3月9日

## 战争是人为的

战争并不是不可抗拒的现象，它彻头彻尾是人类自己制造出来的现象。

若有人认定自己所做的事与自己的意志无关，认为那是完全不可抗拒的，那么他就会无所顾忌地向前猛冲，这样的人是病态的，对他应该加以监视并给予治疗。同样的，若有人把战争看成不可抗拒的现象，这种人也需要被监视和治疗。

——佚名

被武装了的和平与战争或许有一天会不再存在，但那绝不可能完结于帝王或位居高位的人手里；战争对这些人而言简直有太多的利益。只有因战争而受苦的大众了解到自己的命运应操控在自己手里，并且为了自己的自由而实现无抵抗主义的时候，战争才有绝迹的可能。

——佚名

尽管文明进步了，但目前的欧洲却正在形成一个广大的战争阵营，而人最强大的力量就是做战争的准备，我们由于这样一个事实而背负着下面两种伟大发明：间接课税与国际贷款。

——亨利·乔治

当我们借着祈祷而制服教唆我们走向战争的恶魔时，当我们致力于民族的结合与和平时，我们将获得远比战争的结果更多的利益，我们也将因之而更加强大。当我们更进一步把如何超越欲念的思想和做法教给大众的时候，我们便是真正参与了以公益为目的的工作。本来我们为帝王的幸福而战也是没错的，但是当帝王强制我们并对我们施以暴力的时候，我们就不必再服务于他了，只有为善事、善行我们才应该战斗到底。

——佚名

基督为我们建立了新社会的基础。在他出现之前，民众就像家畜从属于他们的主人那样从属于一个或一个以上的主人。王侯或其他有权势者的傲慢与利欲心一向对民众造成重压，基督则使这种不合理状态不再继续下去，让民众抬起头来，并把奴隶解放了。基督告诉民众，因为人在神面前是平等的，所以大家都是自由的存在，任何人都不可能具有支配自己同胞的权力；平等与自由是神赐给人类的不可侵犯的法则，无论如何，权力不可能是正当合理的。

一个社会的组成所需要的不是权力，而是义务、服务以及奉献——基督如此告诉我们，而这也正是他所要建立的社会。但我们是否在目前的世界看到过这样的社会呢？目前的社会是否重视这样的教诲？十八个世纪以来，民众把基督的教诲一代一代传递下来，并且相信他，可是现在发生了怎样的变化呢？大家的信仰粉碎了，充满苦恼的人空等着自由解放的日子来临。这并不是因为基督的话不可信或难以实现，而是因为他们未能了解基督的话是必须靠他们本身的努力以及坚强的意志才能实现；或者因为他们在卑屈里沉睡了太久，缺乏应有的斗志；或者因为他们未做出为真理而死的准备。但每个人终有一天会觉醒吧！

——拉梅内

※

战争与基督的教诲是不能两立的。

# 3月 10日

## 万物和自己是一体的

赐给我们生命的东西，在万有之中只有一个。

所有活着的东西都怕苦也怕死。认清你自己也是其中之一——避免杀生吧，不要由你引起苦恼或死亡。

所有活着的东西都厌恶痛苦，都认为自己的生命很有价值，因此尊重所有的生命吧！

——佛陀

你所看到的所有人都同时具有神性与人性——我们属于同一种存在物。我们只不过是一个伟大身体的一部分。大自然把我们创造于血缘关系中；大自然以同样的材料，为同样的目的创造了我们；大自然在我们心里撒下了互爱的种子，让我们有团结一致的倾向；大自然让我们在心中确立走向正义的愿望。

依这样的自然法则，杀害别人是一种罪恶。依大自然的命令，我们的双手应随时为帮助别人做准备，我们是生来必须为全社会的和谐尽力的。我们的结合就像许多石头造成的圆顶棚，每一块石头若不互相支撑，就会倒塌下来。

若无正确的意向，就无正确的行动，因为行动是由意向产生的。而如果信念不正，也就没有正确的意向，因为意向是由信念产生的。同样的，假如大家对生活中的一切法则不具信心，也不使它鲜明化，生活也就会显得卑微而不真实。

——塞内加

人的幸福只能在对邻人的服务中找到。也正因如此，人才能跟世界上所有人类的生活基础构成一体。

——佚名

我清清楚楚地意识到并感觉到我和所有人类根本是一体的；而我和动物之间也是如此（虽然感觉没那么清楚）；我与虫子、植物之间也是一体的（虽然那种感觉又更微弱）；而对于必须用显微镜或望远镜才能看得到的存在物，我们便再难意识到和它们的一体，但这只是因为我们缺乏那种感觉器官，并不能证明我们和它们不是一体。

——佚名

人生的道路只有一条。而人类永恒的希望是我们所有人迟早有一天都将走上这一条道路，并且结合为一体。让大家合而为一的这一条道路非常显然地植根于我们人生的基础上，而且这条道路非常广阔、非常清晰，我们无论如何非走上这条道路不可，而这条道路的尽头便是神存在的地方，他就在那儿召唤我们；当我们走向这条道路的外侧，也就是走向死亡之路的时候，对神而言实在是难以忍受的。

人生的道路本来非常广阔，可是大多数人却偏偏不认得它，而往死亡之路前进。

——果戈理

※

对于你与众生合而为一的感觉有所妨碍的一切东西，从你内心去驱除它们吧！

# 3月11日

## 结婚的意义

饮食是我们每个人生活中不可缺少的条件，同样的，性关系也是人类生活中的必要条件。饮食品的滥食会对我们造成危害，同样的，性关系的失当也会对个人以及人类造成最大的危害。

你可能不再履行自己对配偶的义务，你可能在逃避为尽这个义务所被加诸于身的痛苦，你可能会离开你的配偶，但这样做将产生怎样的结果呢？

结果仍然是痛苦的，但那是该尽义务而未尽的痛苦。

结婚也可以说是一种契约，亦即一对男女约定只在他们两个人之间生儿育女。破坏了这个契约便是欺骗、背叛、罪恶。

当两个人感觉到他们的心永远结合在一起的时候，也就是无论遇到任何艰难困苦都能彼此扶持、互相帮助的时候，即使在最后诀别的沉默瞬间，都感觉到两个人将永生永世互相结合在一起的时候，婚姻是伟大的。

——乔治·艾略特

互爱的一对夫妻如果能一起去完成他们共同的目的，彼此凭着良知互助合作，将能获得多么伟大的幸福。

——佚名

有法利赛人来试探耶稣说，“人无论因什么缘故，都可以休妻吗？”耶稣回答说，“那起初造的人，是造男造女，”并且说，“因此，人要离开父母，与妻子联合，二人成为一体。”这经你们没有念过吗？既然如此，夫妻便不再是两个人，乃是一体的了；所以上帝安排的，人不可分开。

——《马太福音》19：3～6

※

两性的结合对每一个个人而言是非常重要的，同样的，对全体人类而言，因为关系到种族的存续，所以也是非常重要的。而且因为那是非常困难而复杂的事，其结合的形式有千万种，实在值得大家做深入的研究。

# 3月 12日

## 立即行善

人以他的所作所为影响着自己的生活；一个人所做的事情可以决定他的幸与不幸；这是人生之道。因此，对我们人类而言，在世界上最重要的就是我们现在所做的事情。

有个灵魂走出肉体，漫步于空冷的地方，于是一个恐怖的女人站到他面前来，那是个身体腐烂、污秽、丑陋的女人。“你是谁？”灵魂问道，“你到底是谁？如此叫人恶心、叫人厌恶，比任何恶魔都更恶劣的东西，你到底是谁？”

恐怖的女人回答：“我是你的行为。”

——波斯寓言

行善事吧，也就是做一个深具慈悲心的、亲切、谦逊的人；口出善言、为别人求福、保持纯洁的心、经常学习、经常说实话、抑制愤怒、知足忍耐、爱朋友、尊敬师长、敬爱双亲——这些全部都是善人之友、恶人之敌。

反之，说谎、偷盗、怠惰、以不纯的眼光看女人、欺骗、诽谤、幸灾乐祸、傲慢、无所事事、吝啬、不逊、无耻、易怒、有强烈的报复心、固执、嫉护、对人行恶、迷信——这一切都是恶人之友、善人之敌。

——波斯教教义问答

重要的不是善行的理论，而是它的实践。

——《犹太法典》

只有不断制造地狱的人，才担心自己陷入其中。

——露西·马洛丽

※

无论过去的事情怎样影响我们的生活方向，我们还是可以经常靠精神上的努力来改变它。

# 3月 13日

## 睿智的条件

道德上的纯洁是睿智的条件。而其所得的结果，是精神上的和平。

义务是我们人的事，至于结果如何，那是神的事。

——佚名

让我们失去和平的，并不是不断变化的环境，而是永不满足的欲望。

什么都想做的人到后来会变得什么都不想做；只做自己该做的事吧！

——佚名

当我们对肉体的感觉最微弱的时候，也就是精神力量最强烈的时候。

——露西·马洛丽

一个人拥有睿智的最好证明是他能不断保持善良的精神状态。

——蒙田

当你为某些事悲叹受苦的时候，最好能考虑下面几件事：一、不管是你自己或是别人，都可能经常发生比这更不愉快的事。二、像现在这样让你过去曾经悲叹痛苦的事，你现在早已完全能够平心静气地去回想和面对了。三、目前让你受苦受难的事是能够让你发现自己的精神力量并增进精神力量的一种考验。

——佚名

人心有时候是在最完美的状态，有时候则在最堕落的状态。珍惜美好的状态吧，经常保持这种状态，尽量驱除恶劣的状态。

——培根

即使是圣人，若除去善德，剩下的仍然只是狡猾与欺骗。

——佚名

※

睿智是无限的。我们越接近它，越觉得它的重要。

人日益改善的可能性也是无限的。

# 3月14日

## 素食主义

在遥远的过去曾经一度被提倡的素食主义，经过长时间被埋没之后，现在又逐渐受到很多人的注意了。不久的将来，像打猎、解剖或满足兴趣的杀生应该都会绝迹吧。

目前大家对人肉都感到恶心，将来对兽肉也会有同样的感觉吧。

——拉马丁

现在大家认为遗弃孩子、决斗、虐待囚犯，以及其他种种野蛮行为都是可悲可耻的事情，但是以前人们并不认为这些是可以责备的、是背叛正义的。同样的，将来有一天，人们应该也会认为通过杀生把动物的尸体供上餐桌是不道德的，是不被允许的事。

——齐默尔曼

将来有一天素食主义或许能获得惊人的成功。目前在世界各大城市里至少有一家或数家素食馆。假如赞成素食主义的报章杂志不只对素食的优点做轻描淡写的报道，而能积极地关心到素食主义的道德意义，那么遵守素食的做法将会进一步构成一种觉醒的运动吧。对于素食主义只想而不做的人，是无法成为真正的素食主义者的，这就像穷得买不起肉的人并不就是真的素食主义者一样。只有从内心感觉到我们不可以为了吃肉而杀害有生命的东西或使它受苦，才算是遵守素食主义的真正动机。

——露西·马洛丽

对于跟我们一样以吃东西、喝水、呼吸空气来维持生命的动物，对于被杀的时候发出可怕叫声让我们难受、让我们以自己的行为为耻的动物，我们没有伤害它们的任何权利。

——布鲁达鲁夫

※

在现代，为了满足兴趣而杀生，显然已经被认为是一种罪恶。肉食也许与此并非完全相同，但即使它不像前者那样有意行恶，结果所表现的恶行却有过之而无不及。

# 3月15日

## 爱你的敌人

真正可信的爱是对敌人的爱。能去爱对我们怀着敌意的人，或去爱让我们觉得不愉快的人，我们才算懂得真正的爱。

爱那爱我们的人以及让我们觉得愉快的人，只要以人类平常的感情就做得到，但爱敌人却只有以神的爱才可能做到。人类平常的感情常有从爱转变为恨的情形。但神的爱却是不变的；任何东西，甚至连死都无法破坏它；神的爱是人类心灵的本质。

——佚名

你们若善待那善待你们的人，有什么可要求报酬的呢？就是罪人也是这样做的。你们若借东西给人，并指望从他那里再收回来，有什么可要求报酬的呢？就是罪人也借东西给罪人，并且想要如数收回。你们既要爱仇敌，也要善待他们，并且要借给人东西不能指望偿还；你们获得的赏赐就必然大了，你们也必将做至高者的儿子，因为他恩待那忘恩的和作恶的人。你们要慈悲，像你们的天父一样慈悲。

——《路加福音》6：33～36

你们听见有话说："你应当爱你的邻舍，恨你的仇敌。"我却要告诉你们，要爱你们的仇敌，为那逼迫你们的人祷告。这样，就可以做你们天父的儿子；因为他叫日头照耀好人，也照耀歹人，降雨给义人，也给不义的人。

——《马太福音》5：43～45

神平等对待万人，因为神了解万人的心。对万人心灵并不了解的我们，仅凭外在的表现又如何能区分他们，而对某些人怀着爱，对另外一些人怀着恨呢？

——佚名

真正的基督教徒不但祝福自己所亲近的人，也祝福自己的敌人；不但祝福自己的敌人，还祝福神的敌人。因此他对人的爱往往不是满足而是苦恼。

——巴斯噶

爱那些同情自己的人是多么的容易，但不责难那些背叛自己和伤害自己的人是多么的困难。

——佚名

以爱来征服愤怒；以善来对付恶；以宽大来克服贪欲；以正义来克服虚伪！

——佛陀

在众人之中只对某些人具有好感的热情常被误认为是爱，但这只不过像是野生植物，尽管它也可能有所付出。因为野生植物本身未经过一番栽培，所以往往不结果子，即使结了果子，也是酸的而不是甜的。同样的，热情本身并不是爱，因此它并不给人带来善，或许反而会制造更大的恶。

——佚名

爱刚萌芽的时候是非常柔弱的，一点也碰不得。只有成长的时候才会变强大。无知的揠苗助长反而害了它。重要的事只有一件，即由智慧的太阳来照顾、来培育爱的小芽。

——佚名

最完美的人一定是爱邻人的；无论邻人是善是恶，都同样对他们行善。

——穆罕默德

以亲切宽恕来对待邪恶与堕落吧！锐利的剑是切不断柔软的缎子的。

一个人若具有善心，并口出善言，则以一根发便可拖走一头象。

——萨迪

※

当有人侮辱你或让你觉得不愉快的时候，正是你自我反省的时机。这时候你是否能想到所有的人同样皆为神之子？而无论对方如何令你不快，你是否仍然能够把他当成兄弟，仍然以神的爱对待他？

# 3月16日

## 对知识的选择

现代科学的重大弊端是从事科学的人并不问科学是否能帮助了解所有的事情，没有宗教的帮助是否能知道知道自己应该学习什么，他们只管研究他们认为需要和觉得愉快的事。而这些研究科学的人大致上过的是不正确的生活；对他们而言，最重要的事情是对他们本身有利的现行制度，最愉快的事情是好奇心的满足。

自然科学的研究特别是在德国，造成了一股狂热。尽管对神而言，虫子和人具有同样的价值，但人类本身并不这么认为。且不说小鸟、蝴蝶的情形如何，人类不是应该投入一个大秩序中，先对自己做一番整顿吗？人应该认识自己的身体，也不能不认识自己的心灵；应该训练自己的智力，做细心的判断，并磨炼心灵走向和平。去学习了解人类吧，为了邻人的真正幸福，让自己有说出真理的勇气。如果找不到别的事做，借数学来训练头脑吧。能深入总是好的，表面的知识绝无益处，正确的知识则能把我们导向无限。

“神无论在太阳或小虫之中同样都是无限的。”也许你们会这么说，“我欣然承认这件事”。神在海边沙石中亦不变；虽然沙石的样子有千万种，其中的神却只有一个。如果你感觉到有在沙地捡出宝石的特别使命，那么你就去“耕耘”一番吧，但别忘了你的头脑是有限的；去展读古来圣贤的思想史或许比去发现蝴蝶的生活史更能带给你灵感。

——李希登堡

人并非知道很多事情就算有智慧。存在于世界上的东西是无限的，无论如何我们无法完全知道。尽量知道许多事，并不表示真正有智慧，人的真正智慧在于了解整个大宇宙；在于认识何种知识重要，何种知识不重要。人类所需要的知识之中，最重要的是了解应该如何活下去，如何能尽量少作恶多行善。遗憾的是，现代科学不是将这种事置于其他知识之下就是根本无视这种事。也就是说，现代人往往学些不重要的学问。

——佚名

所知有限的人喜欢喋喋不休，真正的智者则大部分是沉默的。

之所以有这种现象发生，是因为所知有限的人认为自己知道的全部都是重要的事情，而且很想把他所知道的告诉所有人。但真正的智者则知道他还有更多的事情要去学习，因此只会在有助于别人的时候才说话，其他时间则保持沉默。

——卢梭

最伟大的读书人听见了道，便努力去实践道；平庸的学者听见了道，有时能省察到它，有时则不能；最愚昧的学者听见了道，对它加以嘲笑。若不受到嘲弄，这道也不能算作道了。

（原文：上士闻道，勤而行之；中士闻道，若存若亡；下士闻道，大笑之。不笑不足以为道。）

——老子

知识是头脑的食物；知识对头脑的作用就如同食物对身体的作用；有时它们被误用的情况也是一样的，知识也会因被滥用而使头脑不健康，会因只顾及美味而失去营养。而且无论多有益于头脑的食物，人吃太多也会引起疾病或致死。

——罗斯金

※

假如所有的知识都是真正的知识，那么所有的知识便都是有益的了。但事实上错误的判断往往被奉为真正的知识，因此对于你想获得的知识之选择，就要十分严格了。

# 3月17日

## 以宗教改善社会

要拯救目前世界不理想的组织只有一个方法，就是让真正的信仰普及。

我认为，在宗教信仰上若没有深厚的基础，便不可能有任何真正的知识上的胜利以及社会组织的改善。我也确信，任何学问若对于崇高的宗教信仰的欲求或对于有关人类起源以及生命运动这类永恒性问题的解决都不表示关心，便无力去建立新的社会。无根的宗教教条或许也能制造美丽的形式，但是只能拥有形式却无法永远获得普罗米修斯从天上取得的火花。

——马志尼

你必须首先探求神的王国与神的真理，若能如此，则其他一切都自然而然地对你有好处。

要组织真正健全的社会，第一步是保证所有的人在物质上都拥有真正平等的、无偏颇的权利。这件事的达成虽不表示已经做了一切必要的事，却使其他事情变得较容易；在这件事未达成的时候，其他任何事情都无法带来什么好处。

——亨利·乔治

没有共同的信仰和共同的目的，社会是无法存在的。社会性的活动（施政方针）必须包含在适用于实际人生的宗教原则之中。

——马志尼

一个好的社会就是能够让大家在其中实现伟大真理的社会。

——佚名

※

假如你正在为现在社会的不良组织而苦恼，那么你应该知道改善这样的组织只有一个方法，那就是在所有人之间培植宗教意识。

当然你必须首先从自己本身将其建立起来；在你自己内心培植宗教意识就是改善全体人类的最强有力的方法。

# 3月 18日

## 宽以待人

我们对别人的判断往往是不正确的，因为任何人都无法明白别人身上已经发生的事以及即将发生的事。

我们最容易犯的过错就是轻率断定别人为好人，或坏人，或愚者，或贤者。人是像河川一样不断在流动、在变化的；人并非每天都以同样的面貌存在；人是有各种可能性的；傻瓜可能变聪明，邪恶的人可能变成善良的人；反之亦然。这就是人的伟大之处。因此我们如何去判断一个人呢？对方是怎样的人呢？也许在你下判断的时候，他已经变成另外一个人了。

——佚名

若你幸福得能够抛弃虚伪，只讲真话，只怀疑该怀疑的事，只期盼善的与有益的事，那么你就不可能生愚者或坏人的气。

“那些人不是强盗吗？不是无赖汉吗？”或许你会这么说。但什么是强盗，什么是无赖汉呢？这些人不是陷于罪恶走上迷途的人吗？对这些人我们是需要给以同情的，我们无须对他们生气。假如你能够将这些人过这种生活对其本身不利的理由告诉他们，让他们心悦诚服，那么他们应该会停止作恶的。但如果这些人未能了解自己生活的错误，那么继续过邪恶的生活是理所当然的事。

你或许还会说：“怎么可以不惩罚这些人呢？”但请不要这么说！我们倒是应该说，这些人把他们在世界上最重要的事情搞糟了；这些人没有瞎眼，却是精神上的盲者，这对他们而言是非常残酷的。若某人因眼睛有毛病而失去视力，我们是不能因此而惩罚他的，既然如此，我们又如何去惩罚那些被剥夺了比眼睛更重要的人生之至宝的人呢？我们无须对这些人生气的，我们只需同情他们。

要同情这些不幸的人，但不要为他们的过失着急。你应该常常想起你自己本身也有犯错、犯罪的时候。若要生气，为自己心中所筑起的邪恶与残酷而生气吧！

——艾皮科蒂塔斯

一个人能随时反省自己的缺点，便无暇思及别人的缺点。

——东方谚语

若不是站在别人的立场来看，切忌对别人下种种论断。

——《犹太法典》

多饶恕别人，但绝不能饶恕自己！

——希尔斯

当我们了解到人心之远离真理、节制、善良，原来是由于某种不自然的力量所驱使而形成，我们也就较容易对别人表示亲切了。

——奥勒留

※

我们相信自己的本性是善的，不是恶的；而其他所有的人也是如此相信他们自己的。因此，即使我们难以了解别人心中所想的事，我们也应该对别人常怀善念。

# 3月19日

## 富者与贫者

靠穷人的辛劳而生活，并让穷人来支持其衣食住的富人，若还厚颜无耻地认为自己是穷人的恩人，那么造成这种现象的社会机构一定是极度不正常的。

石落壶上是壶的不幸，壶落石上仍然是壶的不幸；无论哪一种情况，都是壶的不幸。

——《犹太法典》

即使富者能凭其富有而对贫者施舍行善，那也只不过由于政府庇护少数人，容许财产上的不平等，以致不得不有慈善的行为产生。然而在这种状态下，富者对贫者所表现的助力真是值得如富者自己所夸示的那样称为慈善吗？

——康德

即使不是抢夺如字面上所谓的黄金或土地，大家却以种种欺诈或窃取的手段做出与此相同的事；虽然不是大规模地做，却总是极力在做；例如商业上的交易场合，无论买或卖，大家都犯了种种毛病为讨价还价费尽心思，这难道不是掠夺行为吗？

义与不义不是看夺取物的价值，而是看夺取者的意图来决定；无论事情的大小，义与不义皆具同等的力量。因此，我认为不仅打开别人钱包把钱抢走的人可称为盗贼，在市场买东西的时候狠狠杀价的人同样也可称为盗贼。

——琐罗亚斯德

所罗门说别乘人贫困进行掠夺。“乘人贫困进行掠夺”这件事形成了目前很明显的社会上的剥削；也就是说，人常常利用贫困者为其卖力，却支付便宜的工资，或以低廉价钱收购他们所出售的东西。

反之，或许有人认为向富者抢夺是理所当然的事，但很明显，这是既危险又无益的事，因此稍明事理的人绝不会这么做。

——佚名

※

真正的富裕只有在人人都丰衣足食的世界才可能存在；在我们目前这个贫富不均的社会，无罪的富裕是不可能存在的。

# 3月 20日

## 不隐瞒不暴露

为了实践神的意志而活着的人，不会对别人的评论感到战战兢兢。

别人对我们心灵深处所进行的事是一目了然的——我们必须作如是观。

——塞内加

隐瞒恶事、恶行不好，但公然行恶或夸示它则更不好。

——佚名

觉得愧对别人是很好的感情，但最好的感情是对自己本身的羞愧之情。

——佚名

被质问的时候不要有任何隐瞒，但若无必要，也不用提起自己的恶事、恶行。

——佚名

人努力想隐瞒的事情几乎都是邪恶的事情。

——佚名

能隐藏自己的善事、善行是好事。

——佚名

掩藏的事没有不会显出来的；隐瞒的事没有不露出来被人知道的。

——《路加福音》8：17～18

※

过完全无须隐瞒的生活吧！同时也过完全不期待将自己的行迹显示于人的生活！

# 3月 21日

## 勿自夸

*如同人无法举起自己的身体，人也无法赞赏自己；赞赏自己，只会在别人面前降低自己的价值。*

关于自己的事，无论好的、坏的都不用提。好事说了别人未必相信，提了坏事则别人很可能把你想得更坏。最好是不提自己的事。

——佚名

说自己恭顺的人绝不是恭顺的人。

说自己什么都不知道的人往往是知道很多的人。而说自己无所不知的人是吹牛大王。什么都不说的人则往往是最贤明、最善良的人。

——威达纳

在我还年轻的时候，我的宗教倾向非常强烈，严格地守着本分，很能节制自己。有一天晚上，我坐在父亲面前，打开《圣经》放在腿上展读，一夜未合眼。当家里其他人都熟睡的时候，我对父亲说："家里这么多人，却没有一个人起来祈祷或念念《圣经》，大家不是睡得像死人吗？"父亲严肃地回答我："如果你要说这种话，那还不如睡了好呢，不要说别人的不是，自恋的人只看得到自己；自己的眼睛只看得到自己的好；假如人能具有能看见神的眼睛，他就不会认为有谁的弱点多于自己。"

——萨迪

你可以希望别人说你的好话，但千万别自己说自己好。

——巴斯噶

思想与思想的表现（语言）两者都是很严肃的东西；为了肯定自己的行为而玩起思想或语言的游戏并非好事。

——佚名

※

我们不但不应该自己赞赏自己，最好也不要要求别人来赞赏自己。

# 3月 22日

## 认识生活中的罪恶

若打算让正义来揭发并责问我们生活的罪恶，那么不要隐藏生活的真面目，倒是应该勇于承认；虽然我们的生活会改变，但正义却随时随地不放过我们的。

我们必须准备任何时候都生活在众目睽睽之下，我们内心必须随时光明磊落，我们没有向别人隐瞒任何事情的必要；毕竟在神的眼中是藏不了任何东西的。你想拥有天赐的恩惠吗？若想，让自己行善吧！让我们跟从神并且崇敬神吧！但是我们一直在做些什么呢？我们随着什么前行呢？我们不知道人类的血并非绝对该流吗？不对善良的人行恶，对我们来说真的是那么困难吗？

神的所有教义和人的所有教义全部可以归结到一个原则，即我们都只是一个伟大身体的一部分。自然让我们结合成一个家族；自然以同样的要素创造了我们，我们却随意互相侵犯，自然创造我们的原意是要我们互爱互助，过社会性的和谐的生活；自然建立了正义与真理的法则，根据这个法则，毁谤人不如被人毁谤；大自然是让我们的手用于互助合作的。

毕竟我们不能不探究事物的本质，只看事物的名称是不行的，我们对所有的东西必须以其真正的意义来评价，不能以世俗一般的看法来考虑其价值，要欣然于克己！但首先我们必须考虑到正义——在我们的意志还没达到上述情况时，我们的行为也就不可能是正确的，因为行为乃受意志的限定。

——塞内加

我并不认为正义是为道德生活而准备的至上条件，但那是先决条件；即使是高于正义的东西，也全部以正义为依据，在本身之中蕴含正义。在犹太的宗教发展过程中（后来我们通过基督精神而继承），远在有关“爱之神”的感人启示之前就有“你的神是正义之神”的告示存在，这也是理所当然的事。大家未认识正义的永恒性时，爱的永恒性亦不显露。每个人在获得真正的宽容之前必须先坚守正义；同样的，人类的社会在未达到慈悲的境界时必须先奠定正义的基础。

——亨利·乔治

我们必须对邻人表示正义；对一个人不论爱或不爱，我们都能待以正义的，如此我们也就能学习如何去爱他。但如果我们对一个人以不爱为理由而行不义之事，那么我们只会走向憎恨的地步。

——罗斯金

大量生产力的徒然浪费并非依据自然的法则，而是由于社会的无秩序使然。也就是说，由于社会的无秩序，劳动者无法得到他们该得的快乐，他们连正当的报酬都被剥夺了。

——亨利·乔治

现代所有善良的人皆犯一种共同的错误，即一方面希望排除恶人为恶的结果，并间接努力于消除由恶而来的毒害；一方面却都向恶者礼貌地伸出手，甚至与他们为伍，因而支持并助长了其恶行。

早晨，为了满足心里的要求，他们对两三个沦落家族的弱者助以一臂之力。但到了晚上，他们则与将这些家族推进贫困中的人们共同进餐；以让两三千人陷于赤贫的富裕投机分子为榜样，并准备跟进。数十年想做的事几分钟内就破坏殆尽。情况稍好些的人仍不出下面的做法：他们一方面供给后方饥饿民众以食物，另一方面却在前线不断增加军队准备迅速大进军。

——罗斯金

一边把人推到洞里，一边却说他应该满足于神所给的境遇。现代的基督教徒都属于这一类人。“并不是我们把他推进去的。”——你会这么说。是的。每日清晨我们若不自问一天里该如何去做合乎本性的事，哪些是对自己有利的事，那么我们终究无法意识到哪些事是自己做的，哪些事不是自己做的。

——罗斯金

※

虽然正义不向我们指示什么是该做的，但它往往指示我们什么是不该做的，或什么是该停止做的。

# 3月 23日

## 苦　恼

苦恼是人在生理上和精神上获得成长所不可或缺的条件。

老实告诉你，即使你悲泣，世界仍然是喜悦的。但你的哀伤将转化成幸福。女性生产时不是痛楚难忍吗？那是因为她的幸福时机来临，而生产后又因喜悦而使她忘记痛苦，因为有新生命降生此世。

——《圣经》

有苦恼才有成长的痕迹；没有苦恼，生活是无法从一个形式移到另一个形式的；因为是苦恼本身唤起了成长。

原因就是结果，而结果就是原因——对精神而言，经常是如此的；对精神生活而言，既无时间，亦无空间。

——佚名

如果没有苦恼，人就不知自己内心的境界，也就不了解自己本身。

——佚名

我们有必要深究苦恼的意义。苦恼从各方面围困我们，但那完全是为了我们的幸福。

想走在道义标准之下是苦恼的。

想走在道义标准之上是苦恼的。

想立于某处不动是苦恼的，因为这将带来良心的责备。

而良心的责备会逐渐比苦恼更让人难以忍受，如此人便不能不向前迈进，走上完美的道德境界。

——斯特拉霍夫

我们以下面所述的过程成长：所有人在他们的每一种想法中早就存在着至高的思想；在一个人现在所表现的性格中早就备有至上的性格；青年抛弃儿童时代的幻想，壮年抛弃青年时代的无知与狂飙似的热情，然后人又抛弃壮年时代的自私，而逐渐具有一种平常心，一步步爬上崇高的人生应有的阶段。这时候外界关系或环境便逐渐消失，一个人便得以慢慢走近神，神也走近他；最后“爱自己”的外衣会掉落，与神合而为一，进入神的庄严境界。

——爱默生

随着完成深具智慧的事情，人才逐渐走近真正的人生。

——罗斯金

心在痛苦状态的时候，除了向神诉说之外，无法对谁说些什么。重要的是沉默和忍耐，否则苦恼将转移到别人身上，迫使别人感觉痛苦，而你自己也将因此自焚。其实人只有在苦恼中才有慢慢走向完美境界的机会，这种想法对你来说是一种强而有力的帮助。

——佚名

※

在苦恼中去探求精神成长的意义吧，苦恼的悲哀将会随之消失。

# 3月 24日

## 不要为神下定义

神是心灵的根源，因此神不是可以用言语下定义的。

耶稣说："妇人！你当信我，时候将到，你们拜天父，既不会在这山上，也不会在耶路撒冷。"

时候将到，如今就是了，那真正拜天父的，要用心灵和诚实拜他，因为天父要这样的人拜他。

上帝是个灵；所以拜他的，必须用心灵和诚实拜他。

——《圣经·约翰福音》

摩西曾经如此祈祷："神啊！我到哪里才能看到你呢？"神说："你在探求我的时候，你就已经发现我了。"

有人问一位贤者："你为什么知道神存在这件事呢？"贤者回答："已经看到太阳了，还需要火把吗？"

神是高高翱翔于思想和想象之上的；当我们想去了解或想象神的存在时，我们就已经失去神了。想寻出足以说明神的话是徒然的；在沉默中崇敬神吧！

——阿拉伯箴言

有两种人懂得神：一种是谦虚的人——至于聪明愚蠢是另一回事；一种是绝顶聪明的人。只有傲慢而仅具半吊子理性的人是不懂神的。

——巴斯噶

凡事只有接近了才能了解事物的真相。同样的，只有接近神，才能了解神。若想接近神，只有借助种种善事善行，亦即只有借助遵奉神的法则这一个途径；而越是了解神，越能欣然遵奉神的法则。这两者是相辅相成的。

——佚名

※

在犹太人之间说出神的名字被认为是罪恶。

禁止说神的名字之思想基础是深刻而正确的。像精神的、灵性的东西之没有名称，神也没有名称；有名称的都是属于肉体的东西；精神的则无以名之。

神是一种精神；是无法以任何名称来下定义的；想对神下定义的一切做法都是对神的亵渎。

## 3月25日

# 互 助

常言说，人是要扶助别人的，的确，若没有这样的扶助，人便无法活下去，但扶助必须是相互的，因为大家的生活息息相关。若有些人扶助别人，有些人只是利用别人的助力，那么这对人生是一种破坏。

当我们得到任何物品、利用任何物品的时候，不要忘了那物品是人类努力的结果，浪费它、破坏它、丢失它，等于是蹂躏人类可贵的努力，等于浪费人的生命。

即使有中间人介于你和物品之间，但物品到底是你的同胞——也就是和你一样的人所制造的。人的劳力是你非尊敬不可的；而只有好好地对待同胞辛苦制造的东西以及对他们献出自己的努力，才能表示你的尊敬。

——罗斯金

富裕者除了对别人的劳力有购买东西的关系之外，还有对劳动者和奴仆的直接关系。我们对基督教义的漠不关心表现得最明显的就是我们对奴仆的态度。仆人为了效劳我们而奉献自己全部的时间，帮我们做最肮脏、最不愉快、最无意义的工作。而且我们大部分人都认为只要付给他们约定的薪金就再无任何牵扯，然而那些人不是我们的同胞吗？假如他们只为了金钱而为我们效劳，那么我们和他们之间绝对无法建立健全的关系。

那些人那样为我们效劳，为什么我们不能以平等的地位跟他们一起吃饭、一起休息、一起娱乐、一起学习呢？

——佚名

你最好把你的一切知识或天分当作扶助别人的工具。

——佚名

天赐给强者、贤者种种才能，并不是为了让他们用来虐待弱者，而是为了让他们用来扶助和支持弱者。

——罗斯金

※

人必须互助，而且必须自觉地互助。接受自己同胞的扶助，不是只要付钱就够，而是必须以尊敬、感谢以及对同胞生活的亲和来回报彼此。

# 3月26日

## 信仰的演变

*在大众生活中最重要的变化是他们信仰的变化，而这种变化在现代尤其显著。*

基督在生命行将结束的时候，心中主要考虑着两个问题：一个是利用基督之名作恶的问题，另外一个是在遭受野蛮的、破坏性的骚扰之后彻底确立基督之法则的问题。基督曾经警告他的弟子以及未来的追随者：自己死后将会出现种种冒牌的基督或冒牌的预言家；无论他们想表现怎样的奇迹，都必须对他们提高警觉。并且基督说：“他们是有权力的人，而权力将迷惑众人。”

那么如何才能晓得他们是冒牌的呢？对这个问题，基督如此回答：“我们不是可以从果子上来分辨果树的好坏吗？我们就以此要领来认清他们。”

他又说："假如一种教义不对世界上种种恶的诱惑表示轻蔑，那么这一定不是基督的教义，从这里我们是找不到基督的，我们所看到的只是冒牌的基督和冒牌的预言家——这种人为数真不少呢！而且他们将长期陆续出现，一直到天父来到的那天。"

然而那一天会来到吗？"当人类社会中一切动荡，一个民族倾覆另一个民族，权势与暴力开始崩溃的时候，就是接近那一天的时候了，而当全体人类发生大动乱，离那一天也就更近了；旧的世界结束、新的世界创始的时候，也就是神的国度建立起来的时候。而且建立起新世界的时代不会太远了。"基督曾经如此预言过。因为充斥假基督、假先知的旧世界显然渐去渐远了，大家在希望中内心振奋着；大家不但不再为一切东西的破坏瓦解以及过去已滑落黑暗深渊的一切心怀恐惧，反而带着喜悦抬起头，并环顾四方，迎接神的世界来临。

——拉梅内

以前众人遭遇不幸的时候，预言者对他们说："你们把神遗忘了，你们偏离了神的道路——否则你们不会如此不幸的。你们并没有遵循永恒的法则去生活，并没有把永恒的法则当作引导者，你们只是跟随虚伪的法则，走欺骗的道路，有意不尊重事实。你们没看到本来忍耐着的宽容的大自然都已经难以忍受了吗？"

这些话，凡是单纯的、不堕落的人应该都能了解的，但最近大家却把大自然看成死的东西，不过我并不这么认为；我因为认识到自然是活生生的，是美丽的，是属于神所有的东西而欣喜；很明显，我们地球上即使是脑筋最顽固的人，也迟早都会意识到这一层真理的。

——卡莱尔

人类是永远在学习的一种存在物。有些人虽然死了，但他们所思索的真理、所发现的真理是不会跟他们一起消失的，人类把这一切都保存在宝库中。我们享用先人留下来的一切东西；我们每个人从生下来就投到先人勤劳的成果所形成的思想或信仰的气氛中，而我们在不知不觉中对未来人类的生活也将留下珍贵的东西。人类的生活、教育就像东方金字塔的建立那样，从旁边经过的人都要为它堆上一块石头。生命非常短促的我们，虽然不久就要离开世界，却都在共同为人类教育的完成而努力；人类的教育虽然进步缓慢，却一直在不断往完美的境界迈进。

——马志尼

我发现自己活得越久，眼前出现越多该做的事。我们是活在一个大时代里；从来没有一个时代在大家面前出现过这么多的事。我们的时代，往好的方面说是个革命的时代；不是物质上的革命，是道德上的革命。我们正继续寻找有关社会建设与人类的使命完成这方面的崇高思想，也许我们活不到收获的年代，但只要相信将来有收割的一天，也是莫大的幸福。

社会正展开着对今日基督教形式的深沉而不满的声音，大家不断彼此私语，有时在愤怒中，有时在悲伤里。所有的人都渴望着真正的神的王国来临，这已不是遥不可及的事。

——柴宁

※

认为通过许多年代的信仰仍然可能一成不变，是一种非常错误的想法。大家活得越久，信仰也会越来越变得易解、单纯、牢固。

而当我们的信仰变得易解、单纯、牢固，我们的生活也将到达和谐的理想境界。

相信信仰不变，就跟相信自己所坐的船不动完全一样。

人类的不断进化有赖于信仰的进化。

# 3月27日

## 真正的强者

不信神的人才对人怀有戒心。

即使你想做的所有好事不能充分实行，也不要灰心绝望。假如你从高处滚落下来，再努力往上爬吧。人生的苦痛经验，你应该带着谦让之心来忍耐。自觉地带着勇气回到自己的本位上去！

——佚名

尊敬那些生活连连胜利的人，这些人向无限的永恒的真理迈进，为的不是博得世人的赞赏，而是要在困难中找到自己的支柱；他们不是闪闪发光的人，他们不喜欢辉煌；虽然受苦是预料中的事，但他们还是守着成为毁谤之目标的道德；他们选择真理，虽然敌人在合力破坏它。崇高的德性往往与世俗的法则背道而驰。

——爱默生

为了让所有伟大的真理进入人类的意识中，必须经过三个阶段。第一阶段：“这是谈都不必谈的蠢事。”第二阶段：“这是不道德的而且是反宗教的。”第三阶段：“是的，这种事自古以来就为大家所了解。”

——佚名

坦然面对真理，随时准备欣然牺牲自己生命的人，远比心怀恐惧，将别人生命掌握于自己权力下的人更坚强有力。

——佚名

做你该做的，想你该想的，但不要期待任何赞赏。只要记得愚者是合理的正当行为的恶劣审判者。

——佚名

※

假如你能在神的力量中意识到自己，别人便对你无可奈何。

# 3月28日

## 认识自己并向别人学习

睿智是由孤独时的内心活动以及与别人交往时的内心活动中获得的。

侧耳倾听别人所说的话，但自己必须少说话。没有人问你问题的时候，你不必说什么，但被问到问题的时候则应立即简单回答，不知道的事就说不知道，不必感到羞耻。

不要为争论而争论。

不要自满自夸。

勿求高位，即使被推举出去也不要接受。

勿过于讲究礼貌，因为你这样做等于强迫别人也对你这样做，那是很让人不愉快的事。

只要事情不违背自己的义务，最好还是顺从邻人的习惯和希望。

不做任何不尽义务、不为邻人的方便出力的事，否则人容易养成崇拜的习惯，但每个人都应该去破除自己的偶像崇拜行为。

——苏非（波斯）

我们每个人都在别人那里有一面反映自己的镜子；我们可以从这面镜子中清楚看到自己的罪过或缺点，或种种不好的地方。虽然如此，我们大多数的人对着镜子做出了狗的动作，亦即认为镜子里所反映的并不是自己，是另外一只狗，而对着镜子大吼大叫。

——叔本华

“了解你自己”——这是个根本的法则。但你果真认为能因凝视自己而了解自己吗？不可能的，你只能从凝视你之外的东西上了解自己；把你的能力和别人的能力比较看看，把你的利益和别人的利益比较看看！尽量把自己的利益放在次要地位吧！要相信自己身上没什么特别的东西，一切以尊重他人为先！

——罗斯金

三个人在一起，另外两个人必定可以当我的老师。看到他们的优点，我会尽力去学习；看到他们的缺点，如果我也有，我会尽量去改正自己。

（原文：三人行，必有我师焉。择其善者而从之，其不善者而改之。）

——孔子

我从自己的老师那里学到了很多的东西，但从自己的朋友那里学到了更多的东西，从自己的弟子那里又学到了更多更多的东西。

——《犹太法典》

想惩罚别人之恶时，小心不要伤到他内心的神。

真正的爱并不在口头上，而在行为之中。只要是真正的爱，即使看起来愚蠢，也能给人圣洁与智慧。

——佚名

※

和别人共同生活的时候，不要忘记自己在孤独的时候所体会得到的许多东西；孤独的时候，应该想到和别人相处时可能有的另一番心得。

# 3月29日

## 节制与努力

人是能够战胜各种情欲的。即使一个人有时感觉到自己被情欲征服，但这并不意味着他无法战胜情欲，这不过证明了他当时未战胜情欲。

驭者并不因为马未立即停步便甩掉缰绳，而是慢慢地勒紧它，最后马一定会停步的。情欲亦是如此，如果无法一下子制止，绝对不要放弃“缰绳”，只要你彻底抗衡，最后必定获胜。

拿自己的理性来控制自己的脾气——这就是节制的根本意义。有一位牧师说：“这不是德性，而是德性的伟大行径。”

——约翰逊

暴饮暴食的人是无法克服怠慢的。因暴饮暴食而怠惰的人一定没有克服性欲的能力。因此无论任何教义，关于节制都是教人从控制食欲开始，或者从断食开始的。

——佚名

每个人都扮演着驯兽师的角色，而那猛兽就是自己的情欲。当你去掉其利牙和蹄子，使它驯服成家畜，虽然它偶尔还会吼叫，但毕竟已经变成柔顺的家畜了。

——爱弥尔

战胜自己的人比在战场上百战百胜的人，更值得被称为伟大的征服者。把所有其他的人打败了并不强过战胜自己。

在战场上打败敌人的，有时候也会被敌人打败，但战胜自己、控制自己的人永远都是一个征服者，任何人、任何神都无法使他转胜为败。

——佳玛帕达

你应该像尊重自己一样地尊重别人，而且你愿意别人怎样对待你，也要那样对待别人——能够做到这样，才算真正懂得爱。这是世界上最重要的事情。

年轻人啊，拒绝种种欲望（如享乐、奢侈等）的满足吧。虽然不一定要像禁欲主义者那样完全否定所有欲望的满足，但至少得避免投身享乐派的倾向。官能方面的抑制，或享乐的节制，将以真正的意义使你的人生丰富。用克制享乐的方式来控制的觉悟，比靠享乐来满足的感觉有更多收获，因为官能上的感觉将随着欲望的满足而消失。

——康德

人的情欲一开始虽然只像蜘蛛网，后来却变成顽强的粗绳。情欲最初看来像陌生人，后来像客人，最后则变成了一家之主。

——《犹太法典》

所有的放纵是自我毁灭的开始。那是流过自家地下的一股看不到的水流，它迟早会把地基冲走。

——布雷基

我最大的愿望是绝对不发愁，永远说真话，亲切温和，不责难任何人，以忍耐对待暴躁的人，以善对待伤害自己的人，当举世燃烧着情欲之火，我仍能由此脱身。

——佳玛帕达

※

节制并非一蹴可成，但可以一步步达成。人生的目的并不在于发展各种情欲，而在于抑制它们、消除它们。

时间将给我们有力的帮助。

# 3月30日

## 善待他人

真正的善，不仅是美德、是喜悦，而且是战斗的武器。

对于罪恶深重、好伪装的人，尤其是伤害我们、侮辱我们的人，还要我们善待他们，的确是很困难的事。但善待他们，无论对他们或是对我们自己本身都是必要的。

——佚名

那时，彼得上前来，对耶稣说："主啊！我弟兄得罪了我，我当饶恕他几次？到七次可以吗？"

耶稣说："我对你说，不是到七次，乃是到七十个七次。"

——《马太福音》18：21～22

假如你相信自己对生活有正确的认识，而且又期望别人过得好，那么一有机会，你就应该怀着善心与耐心让他了解并尊重你要向他说明的事情。

但我们所表现的却往往与此背道而驰。对于赞同我们意见的人，我们确实能跟他好好谈论，可是对于不相信或不了解我们所承认的真理的人，我们就很容易失去平日的冷静，变得激动焦急。我们会开始发怒，向对方说些不愉快的话，或认为再无跟这种顽固不化的人谈论之必要而三缄其口。

如果你要向对方说明真理，让他有所领会，最重要的是不要冲动，注意不说任何会刺伤人或侮辱人的话。

——艾皮科蒂塔斯

当你发现某人的过失，应该亲切地指正他，告诉他哪里搞错了。如果他不接受你的劝告，你最好检讨自己；不但不要责备他人，而且要让自己更宽厚、更亲切。

——奥勒留

※

当你跟别人失和的时候，当你发现别人对你心存不满的时候，最好不要认为那是别人的罪过，你应该想到罪在自己的善心不够。

# 3月 31日

## 认清自己的罪过

悔悟就是承认自己每个阶段的罪恶与缺失。悔悟就是拒绝自己内在的一切恶劣成分，净化心灵，让心灵准备向善。

善良的人一旦不承认自己的过失，硬是坚持己见，他立刻变成很坏的人。

——《犹太法典》

内心若有罪过产生，别隐瞒它，坦然承认它。

——佚名

没有比承认自己的罪过更能使人内心轻松的了；同时，也没有比随时想证明自己正确无误更让人内心沉重的了。

——《犹太法典》

“现在所后悔的事，将来一定会特别小心”，有了这份决心才算真正的后悔。

——佚名

善良的人记得自己的罪过，忘掉自己所做的善事。恶人则与之相反。

先“严以律己”，也就容易“宽以待人”。

——《犹太法典》

若将过去的罪过立即以善行涵盖，就如同黑暗世界里明月突然破云而出。

——佛陀

趁生命力还强盛的时候悔改吧。悔改就是净化自己的心灵，走向善的生活。

趁生命力尚未弃我们而去的时候悔改吧；我们要趁灯光未熄灭的时候赶紧加油！

——《犹太法典》

※

只要作为人存在，就会不断意识到自己在无限宇宙里的有限性，并且意识到自己未完成本该完成的事情的那份罪过。